Mayumi Jezewski

Bijoux et accessoires en plastique fou

W0295796

FLEURUS
www.fleuruseditions.com

L'éditeur remercie la marque « Graine créative » (PW International / DTM) pour la fourniture des feuilles de plastique « dingue » et de tous les apprêts nécessaires à la réalisation des créations de cet ouvrage. La liste des revendeurs est disponible sur www.grainecreative.com.

Direction éditoriale : Virginie Grandval
Édition : Christine Hooghe
Direction artistique : Armelle Riva, Thérèse Jauze
Réalisation graphique : Vanessa Paris
Photographies : Dominique Santrot
Modèles et illustrations : Mayumi Jozewski
Fabrication : Audrey Bord et Thierry Dubus

Merci à Marion Gillot pour son aide précieuse.

15-27 rue Moussorgski
75895 Paris Cedex 18
Dépôt légal : septembre 2015
Photogravure : SNO
Imprimé en Espagne par Edelvives
ISBN : 978-2-215-14957-6
MDS : 591973
N° d'édition : J15120

Loi n°49-956 du 16 juillet 1949 sur les publications destinées à la jeunesse.

Sommaire

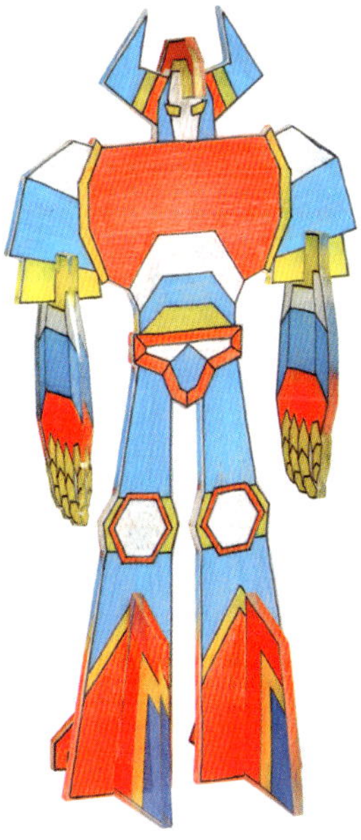

Matériel

Le plastique fou est une activité étonnante ! C'est très facile et tu n'auras pas besoin de beaucoup de matériel pour commencer ! La méthode est simple : on dessine, on colorie, puis on découpe. Ensuite, un passage au four et la forme se rétracte et durcit comme par magie !

Le plastique fou

Les feuilles de plastique sont faciles à se procurer en magasin de loisirs créatifs. On les trouve en pochette sous différentes qualités.

Transparent. Cette qualité est la plus classique. Elle est parfaite pour débuter et permet de faire de très belles créations aux couleurs intenses et brillantes.

Cristal. Cette qualité est parfaitement transparente. Les espaces laissés vierges donnent l'impression d'être ajourés.

Couleurs. Blanc, noir ou pastel, ce plastique offre un résultat opaque. On peut le colorier entièrement ou laisser des zones vierges pour faire ressortir la couleur d'origine.

À motifs. Préimprimées, ces feuilles peuvent être directement découpées ou utilisées pour créer des effets de surimpression.

transparent

cristal

blanc

bleu

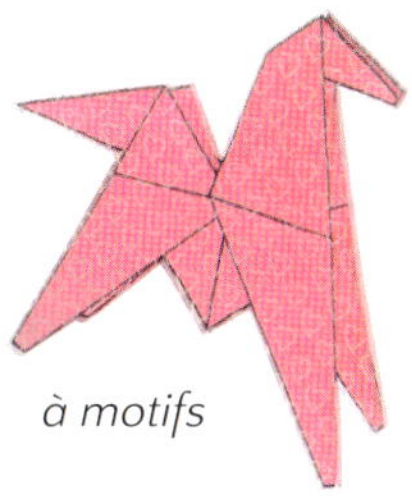

à motifs

Plastique fou, plastique magique ou plastique dingue... les feuilles de plastique peuvent prendre différents noms, mais il s'agit bien du même produit.

Crayons et feutres

Utilise des crayons de couleur classiques. Pour des contours nets et pour obtenir des couleurs bien marquées sur le plastique de couleur, opte pour des feutres permanents (indélébiles) ou pour des marqueurs-peinture de couleur ou métallisés.
Pour le plastique cristal, les feutres permanents et les marqueurs-peinture sont nécessaires.

Ciseaux et perforatrice

Les feuilles de plastique fou se découpent et se percent facilement avec des ciseaux et une perforatrice de bureau.

Autre matériel

Pour transformer tes créations, tu pourras avoir besoin de quelques éléments supplémentaires.
Aimants. Les créations en plastique fou étant légères, les bandes ou plaques aimantées autocollantes à découper sont adaptées.
Apprêts pour bijoux et accessoires. Selon les créations que tu souhaites, procure-toi des attaches de porte-clés (avec système de fixation à anneau ou à mousqueton), straps pour portable, des attaches de broches et de boucles d'oreilles, des supports de bagues, des anneaux ouverts, des fermoirs, des embouts de finition, de la chaîne et des lacets.
Colle à bijoux. Pour coller les attaches de broches, les supports de bagues et les supports de boucles d'oreilles.
Pinces à bijoux. Pour ouvrir et fermer des anneaux. Il est plus facile d'en utiliser deux (voir page 7).

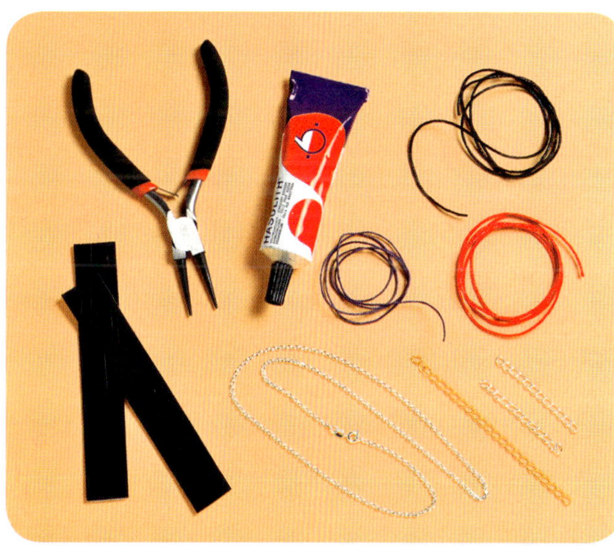

Mode d'emploi

1. À l'aide de crayons de couleur ou de feutres permanents, décalque le modèle choisi sur la face poncée du plastique fou. Avec les plastiques de couleur, tu pourras décalquer d'abord le patron au feutre noir sur du papier blanc fin ou du calque, puis le reporter sur le plastique contre une fenêtre, à la lumière du jour.

2. Colorie le dessin.

Conseils

Dessine toujours sur la face poncée !
Pour le plastique transparent, cette face sera le dos du motif terminé : le dessin sera donc inversé.
Pour le plastique de couleur, cette face est l'endroit du motif terminé.
Le plastique cristal n'a pas de face poncée, utilise toujours des feutres permanents ou des marqueurs-peinture.

3. Découpe en laissant 1 mm autour du contour du dessin.

4. Si tu veux faire un pendentif, pense toujours à percer ton modèle avant cuisson à environ 1 cm du bord. Retourne la perforatrice pour voir où tu perces.

5. Préchauffe le four à 150 °C. Dispose ton modèle sur une feuille de papier cuisson, sur la plaque du four. Pose ta création côté dessiné vers le bas si elle est réalisée sur du plastique transparent ou cristal, et côté dessiné vers le haut pour le plastique de couleur.
Le plastique fou se contorsionne avant de reprendre sa forme. Il rétrécit et devient plus épais et plus solide. Surveille bien la cuisson : la transformation est rapide (environ 2 minutes). La cuisson est terminée lorsque le modèle redevient plat.

6. Sors ton modèle du four avec un gant. Place-le entre deux feuilles de papier blanc, puis pose un livre lourd dessus pour bien l'aplatir. Procède rapidement : le plastique fou refroidit vite !

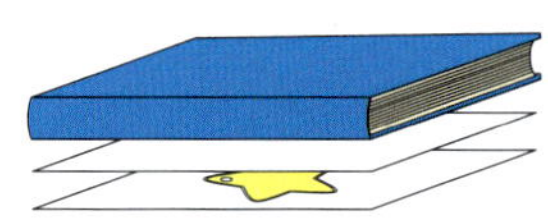

Attention

Fais-toi toujours aider par un adulte pour utiliser le four. Si durant la cuisson, la forme se colle sur elle-même, demande-lui de décoller les parties collées à l'aide d'un couteau.

Mise en couleurs

Amuse-toi à créer plein d'effets avec tes crayons de couleur ! Plus tu appuies, plus les teintes sont intenses et couvrantes après cuisson.

Contours

Tu peux faire les contours en noir ou les faire en couleur. Tu peux aussi colorier directement sans contour.

Dégradés

Utilise différents crayons de teintes proches, du plus foncé au plus clair.

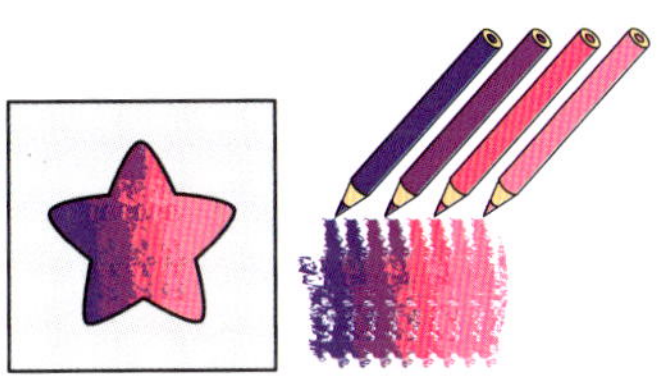

Tu peux aussi appuyer fort au début puis de plus en plus légèrement avec le même crayon de couleur. La partie claire sera un peu translucide sur le plastique transparent.

Motifs

Tu peux aussi faire des pois, des carreaux, des rayures...

Pour ne pas gâcher de plastique, ne place pas ton premier motif au milieu de la feuille !

Découpage sans souci

Adopte cette méthode pour éviter que le plastique ne se déchire. Commence par découper une forme simple au plus près du motif, puis supprime le surplus en plusieurs coups de ciseaux.
Si nécessaire, retourne la feuille de plastique pour accéder plus facilement à un angle de découpe.

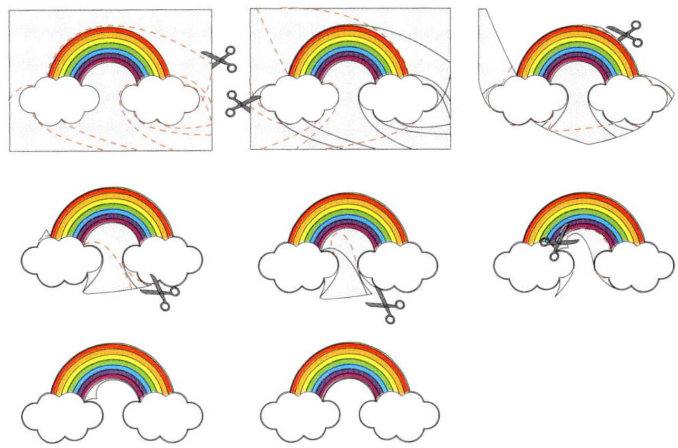

Finitions des bijoux

Ouvrir et fermer un anneau

À l'aide de pinces à bijoux, ouvre l'anneau de jonction en décalant l'une des extrémités de l'anneau vers l'avant et en ramenant l'autre vers toi. Passe l'anneau dans les éléments à raccorder, puis referme-le en faisant le même geste en sens inverse.

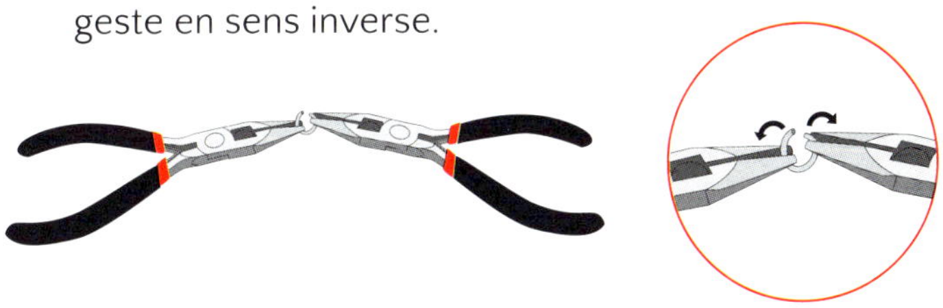

Poser un embout finition

Place l'extrémité du lacet dans l'embout et rabats les volets vers le centre à l'aide d'une pince. Presse. Pour plus de solidité, tu peux déposer une goutte de colle dans l'embout avant de rabattre ses volets.

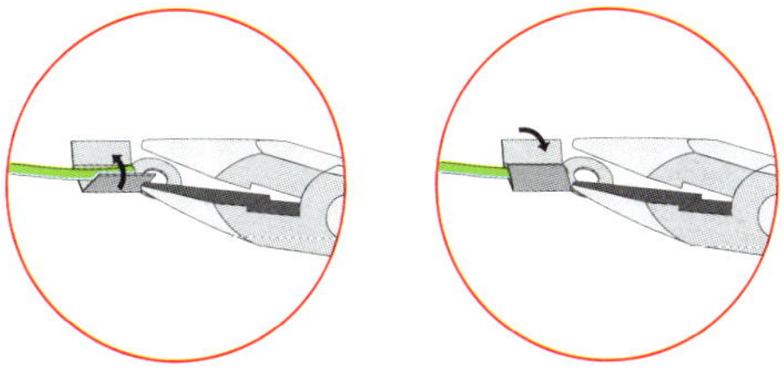

Voyage interstellaire

Embarque dans ta fusée et en avant !
Les aliens n'attendent que toi pour visiter l'univers !

Pour réaliser des magnets originaux, sélectionne le motif de ton choix parmi ceux de ces pages ou un autre de taille à peu près équivalente au fil du livre. Après le passage au four, découpe un morceau de plaque aimantée d'un centimètre carré minimum. Colle-le au dos de ton sujet. C'est fini !

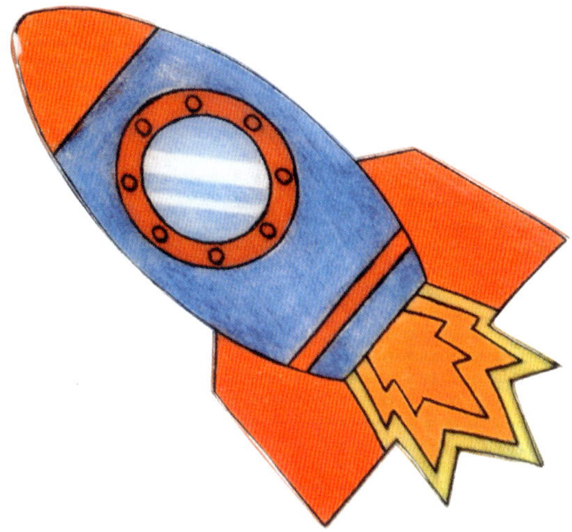

Ce motif est réalisé sur du plastique fou pastel crème. Demande de l'aide à un adulte pour évider les espaces entre la planète et ses anneaux, avec un cutter fin.

Super-Héros

Enfile ta cape et tes collants ! Les Super-Méchants n'ont qu'à bien se tenir. Accompagné de tes fidèles compagnons, te voilà prêt à faire régner la justice !

Porte-clés

Pince l'ouverture du mousqueton et passe-le dans le trou de ton sujet. Pour les modèles de porte-clés se terminant par un anneau, utilise des petites pinces, comme expliqué page 7.

★ *Sur le plastique transparent, les textes doivent être écrits en les inversant. Sur plastique opaque, laisse-les à l'endroit.*

Petites figurines

Prévois des fentes sur ton sujet.
Prépare aussi deux socles. Après cuisson, emboîte les socles. Ton sujet peut ainsi tenir debout !

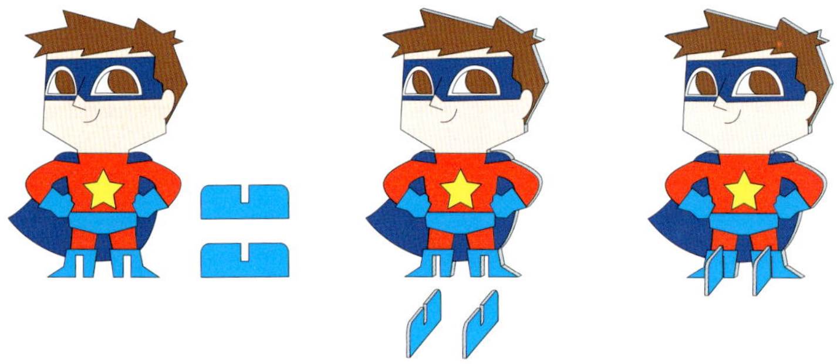

Les bandes ombrées représentent les fentes à découper pour transformer le motif en figurine.

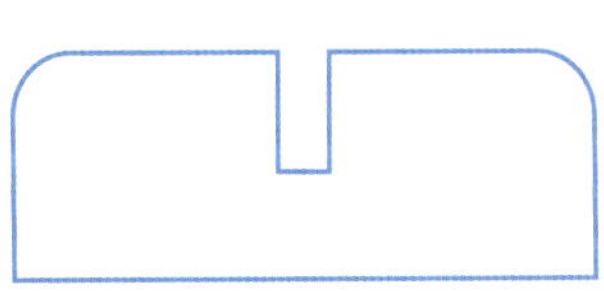

Socle des figurines

Bip ... Bip ... Bip

Ils sont grands, ils sont beaux, ils brillent !
Les robots sont là, prêts à sauver la ville ou à l'attaquer !
Il ne tient qu'à toi de le décider. À tes crayons !

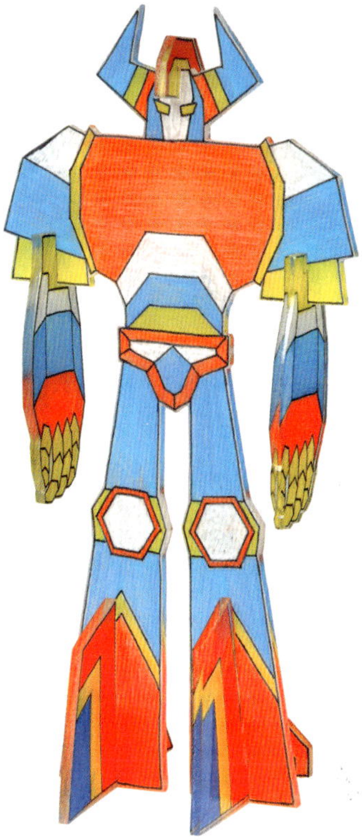

Figurine robot

1. Terminé, ce robot mesure environ 10 cm de hauteur. Prépare ses différents éléments et cuis-les.

2. Emboîte les pieds.

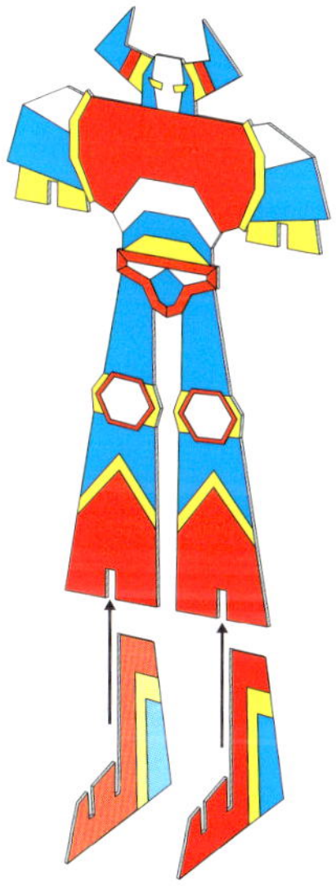

3. Emboîte les bouts des pieds.

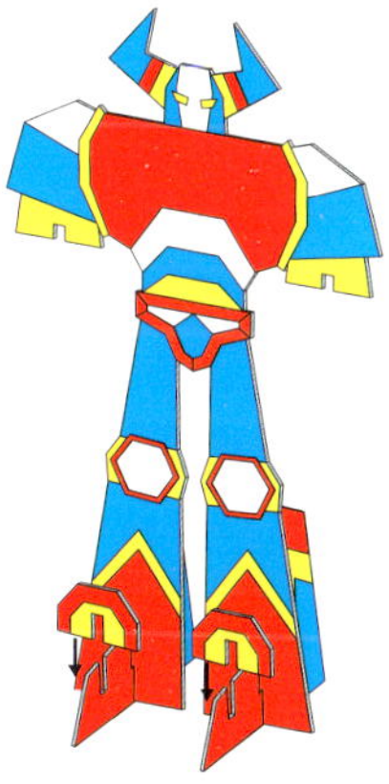

4. Encolle les fentes des bras avant d'emboîter ces derniers.

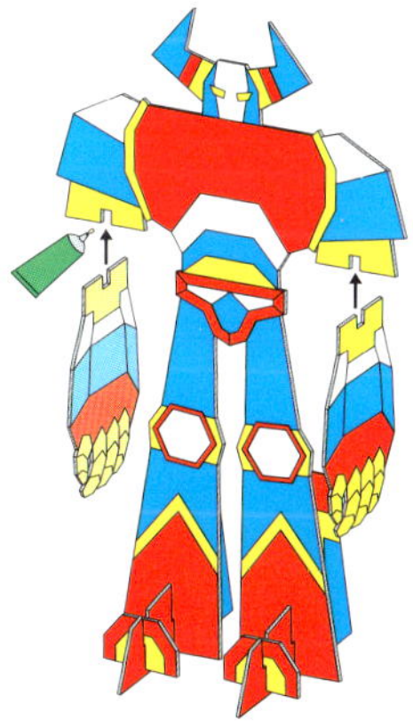

5. Laisse sécher et admire !

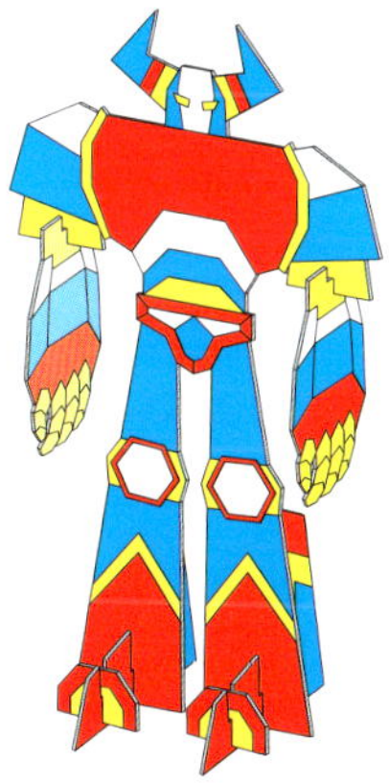

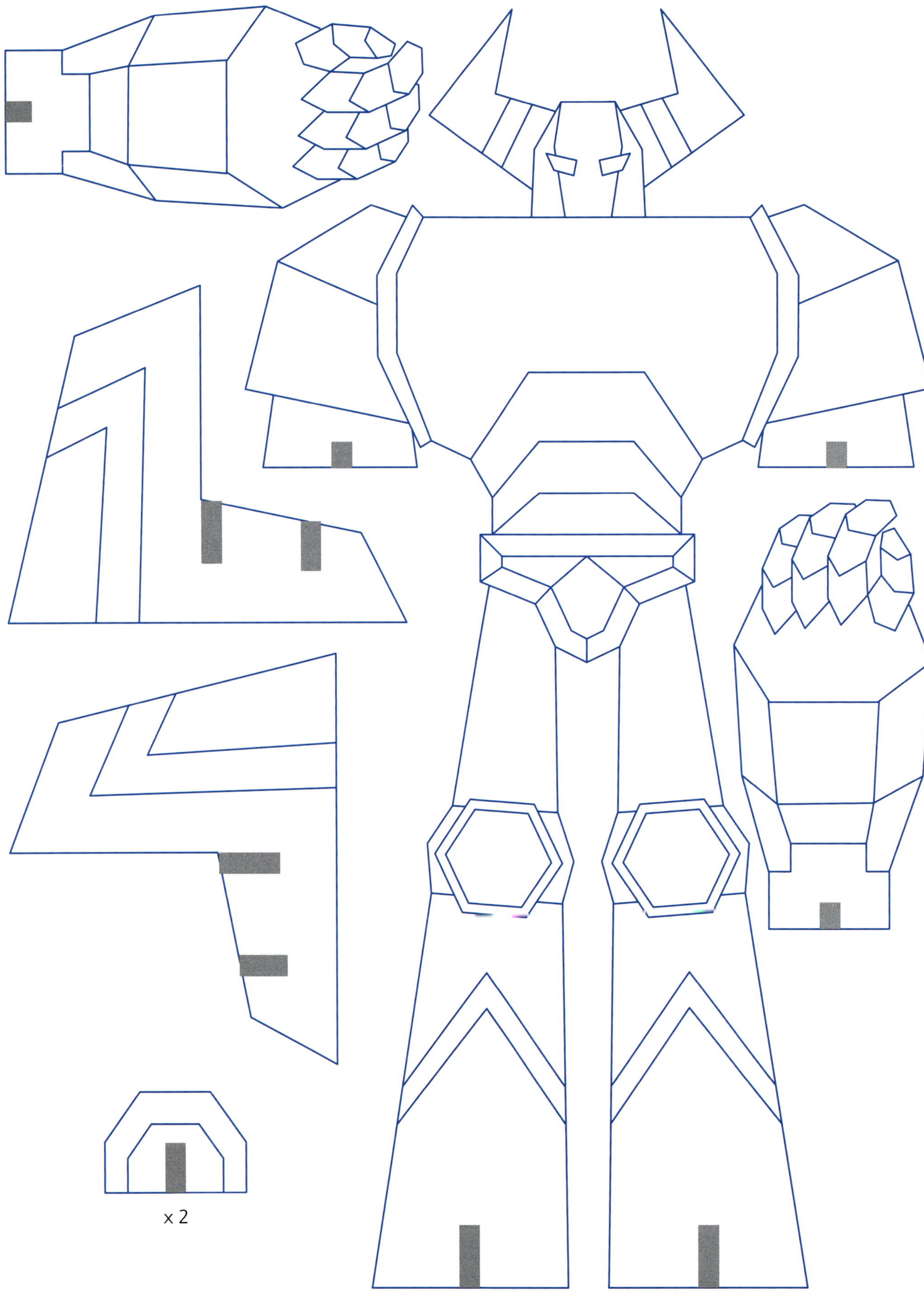
x 2

★ *Tu peux aussi transformer ce petit motif en figurine en ajoutant des fentes au niveau des pieds et en réalisant deux socles. Reporte-toi page 12.*

Kawaii !

Plonge dans un monde de couleurs, de fantaisie et de personnages tout mignons !

Le patron des nœuds se trouve page 61.

Si tu n'as pas d'apprêts pour réaliser des bijoux fantaisie, tu peux accrocher plusieurs sujets en plastique fou ensemble avec du fil de coton. Pense bien à percer des trous avec ta perforatrice avant de les cuire !

Pendentif aux éventails

Inspiration résolument nipponne pour ces boucles d'oreilles ! Utilise des marqueurs-peinture sur du plastique cristal pour obtenir un effet laqué et fais un trou à la limite du contour extérieur avant la cuisson. Pour le montage, raccorde simplement les motifs à des attaches de boucles d'oreilles, à l'aide d'anneaux (voir page 7).

Si tu souhaites faire une figurine avec ce motif de kokeshi, reporte-toi page 12.

Bracelet

1. Prépare 5 motifs perforés.

2. Coupe 3 fils de 25 cm de longueur. Noue-les ensemble à environ 5 cm de leur extrémité.

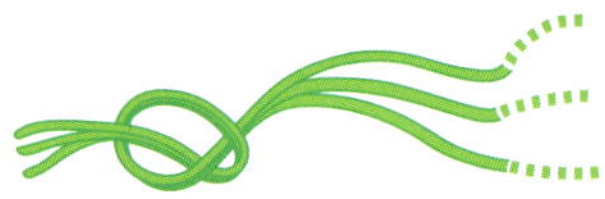

3. Commence à faire une tresse.

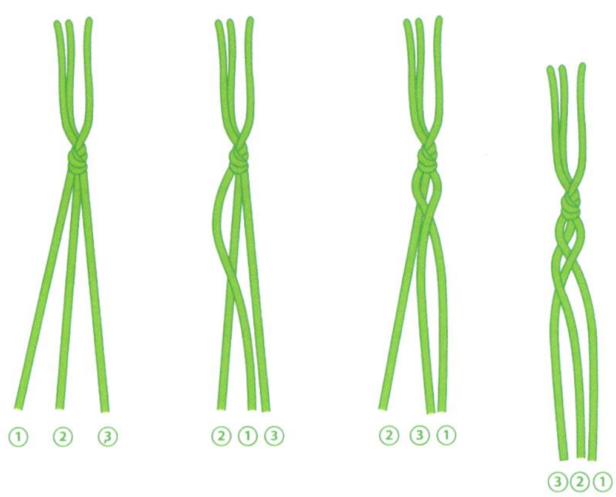

4. Tous les 3 cm environ, enfile un motif sur un des fils puis recommence la tresse.

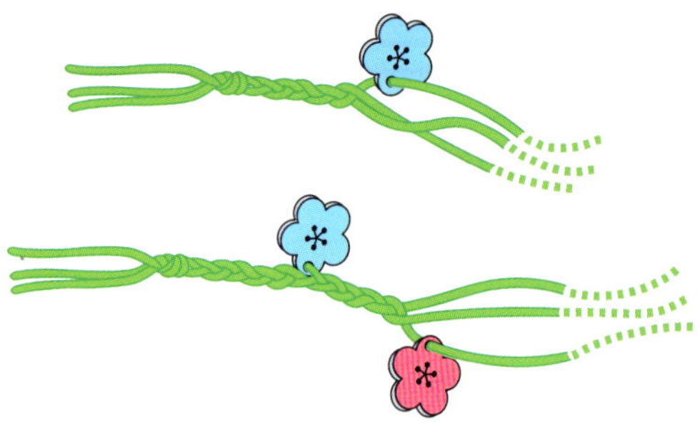

5. Termine le bracelet par un nœud comme au début.

Pour épater tes amis
avec un magnifique collier,
réalise 8 petites têtes de mort et 18 fleurs
percées, puis noue-les simplement
sur un fil de coton.

Collier et bracelet

À travers ciel

**Arc multicolore, étoiles filantes, éclairs...
Les cieux sont une véritable source d'inspiration.
Lève le nez !**

Collier à nœud coulissant

1. En préparant ton modèle, pense à perforer les différents éléments.

2. Coupe environ 60 cm de fil de coton. Plie-le en deux, enfile-le dans le pendentif et repasse ses extrémités dans la boucle.

3. Fixe de la même façon d'autres morceaux de fil sur les breloques, puis noue-les au pendentif principal.

4. Pour fermer le collier, croise les extrémités du fil, puis noue-les l'une autour de l'autre comme sur les dessins. Tu peux régler la longueur de ton collier.

Fais trois trous dans le bas du nuage
et dans le haut des éclairs avant la cuisson.
Relie-les ensuite avec des anneaux
comme expliqué page 7. Colle une attache
au dos. Voilà une jolie broche !

Pour réaliser une barrette, choisis un petit motif.
Après cuisson, colle-le simplement
avec de la colle à bijoux en te faisant
aider par un adulte.

Pour un collier original, alterne
autant de cœurs et d'étoiles
que tu le souhaites !

À table !

Imagine un goûter gourmand avec des cupcakes et autres friandises, et crée des accessoires aux notes sucrées !

Pour le bracelet, procède comme expliqué page 18, en espaçant les motifs tous les 2 cm environ.

★ *Embout de crayon et bracelet*

Pour transformer des petits motifs en embout de crayon, reporte-toi page 37.

★ *Bracelet*

★ *Utilise ce patron pour créer des boucles d'oreilles coordonnées à la broche.*

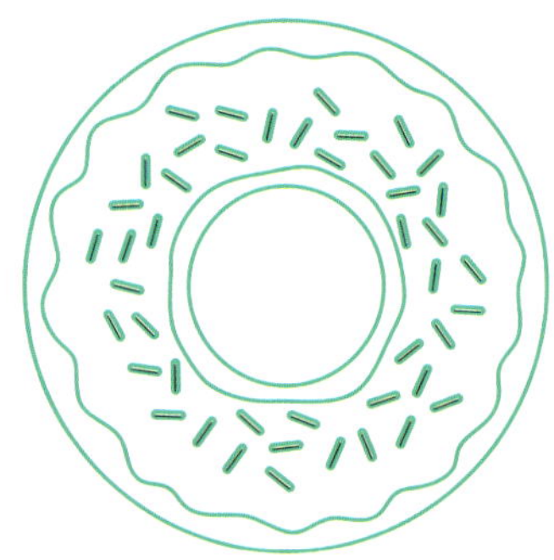

★ *Boucles d'oreilles*

Crée d'adorables bijoux ! Pour obtenir des effets mats, dessine sur des feuilles de plastique opaque jaune (donut et glace de la broche, religieuses du bracelet) ou crème (religieuse magnet, donuts des boucles d'oreilles). Utilise des marqueurs-peinture et des crayons de couleur jaune foncé ou orange pour accentuer les ombres. Reporte-toi ensuite aux explications de la page 7 pour relier les motifs sur une gourmette, des attaches de boucles d'oreilles ou une épingle de broche.

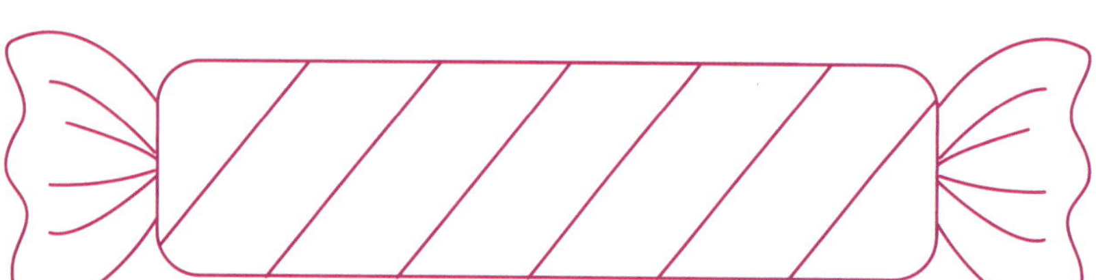

Broche

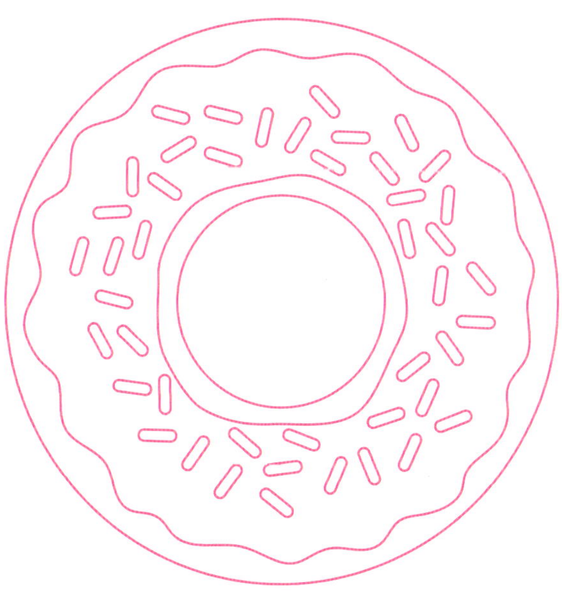

Magnet

Piou-piou

Apporte une touche de légèreté à tes créations, grâce à ces oiseaux qui t'emmèneront haut dans le ciel !

Oiseau farceur ! Transforme le motif oiseau en sujet à piquer dans un gâteau ou… dans la terre au pied d'une plante d'intérieur, comme expliqué page 33.

Un joli motif, un chouchou, une goutte de colle, et voilà un petit cadeau chic et pas cher !

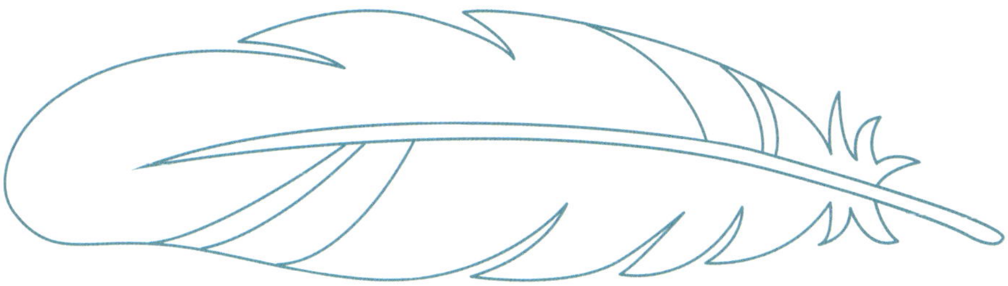

★ *Le petit oiseau peut aussi servir pour des boucles d'oreilles.*

Utilise du plastique fou transparent et colorie la cage au crayon argenté. N'oublie pas de percer les trous avant la cuisson et demande à un adulte d'évider la fenêtre dans la cage à l'aide d'un cutter fin.

x 2

Figurine oiseau

1. Terminé, ce modèle mesure environ 10 cm d'envergure. Prépare les motifs de l'oiseau et du tronc d'arbre. Cuis-les.

2. Emboîte les ailes sur le corps de l'oiseau.

3. Emboîte le tronc et les socles.

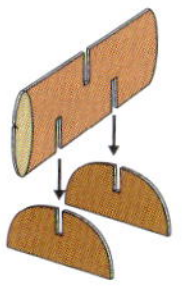

4. Emboîte l'oiseau sur le tronc.

Bracelet articulé

1. Reporte les patrons sur du plastique fou cristal ou du plastique fou à motifs préimprimés.

x 3 x 2 x 2

2. Perfore les quatre coins d'un des motifs. Aide-toi de ce motif pour marquer l'emplacement des trous sur 4 autres motifs.

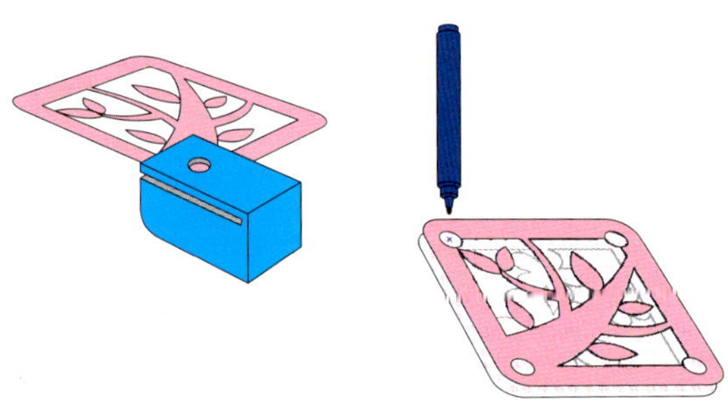

3. Sur les deux motifs des extrémités, perfore trois trous en les plaçant comme sur ce dessin.

4. Après cuisson, relie tous les éléments avec des anneaux (voir page 7). Ajoute un fermoir.

Halloween

Rires et frissons garantis avec ces personnages toujours prêts à faire la fête.

Utilise du plastique blanc pour le fantôme et du plastique cristal pour les toiles d'araignées.

Ce motif est réalisé sur du plastique blanc. Utilise des petites touches de doré pour les plumes du plastron et le bec !

Porte-clés articulé

Dessine tous les éléments du squelette sur du plastique fou transparent. Colorie de préférence avec des marqueurs-peinture et des feutres permanents pour obtenir de belles couleurs. Fais les trous à la perforatrice en t'aidant de la photographie. Assemble tous les éléments avec des anneaux, voir page 7.

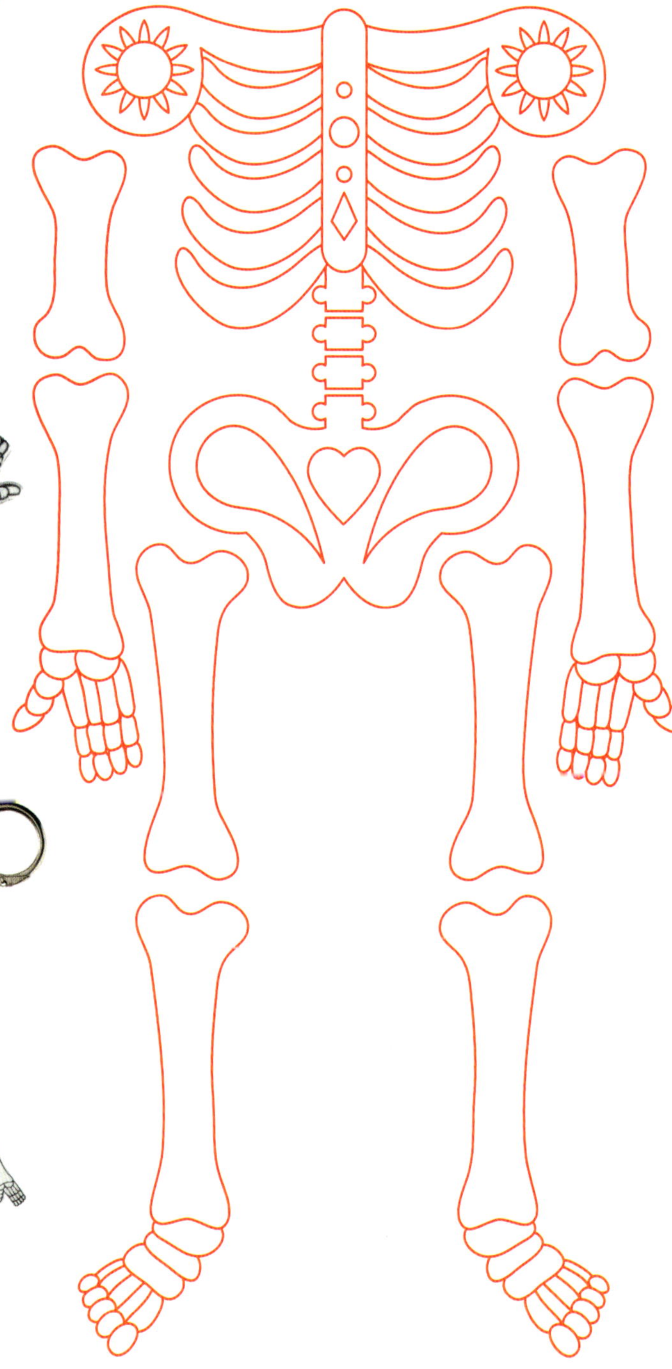

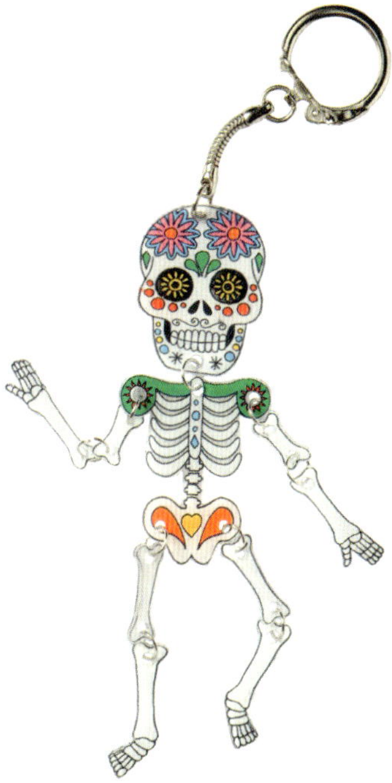

★ *Pic à ajouter pour réaliser un décor de gâteau ou un décor de plante verte.*

Décors de gâteaux

Reporte les patrons en ajoutant la forme du pic à leur base. Utilise un crayon à papier que tu pourras effacer après le découpage et ne colorie pas cette partie, qui sera en contact avec la nourriture.

En avant, champion !

**Sur ton skate, ta trottinette ou sur un terrain, le plus sportif, c'est toi !
Équipe-toi et fonce vers la victoire !**

Le plastique transparent classique et des crayons de couleur sont parfaits pour obtenir ces effets givrés ! Pour le flocon, tu peux utiliser un marqueur-peinture blanc.

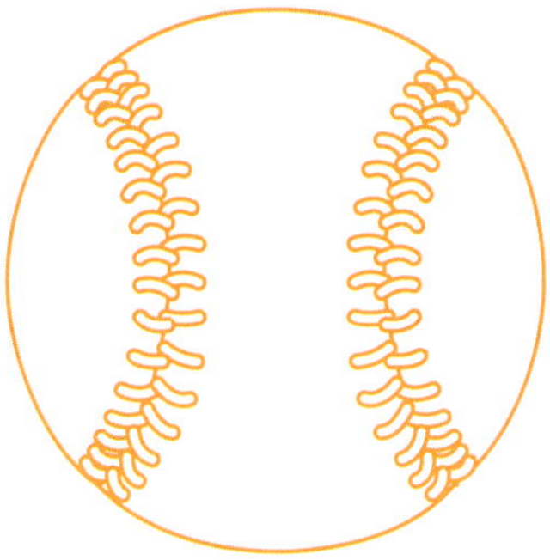

Une chute de plastique blanc,
un feutre permanent et deux
minutes de travail !

Broche médaille
sur plastique jaune mise
en couleurs avec des
marqueurs-peinture doré
et rouge. Si tu choisis
du plastique transparent,
inverse le chiffre 1.

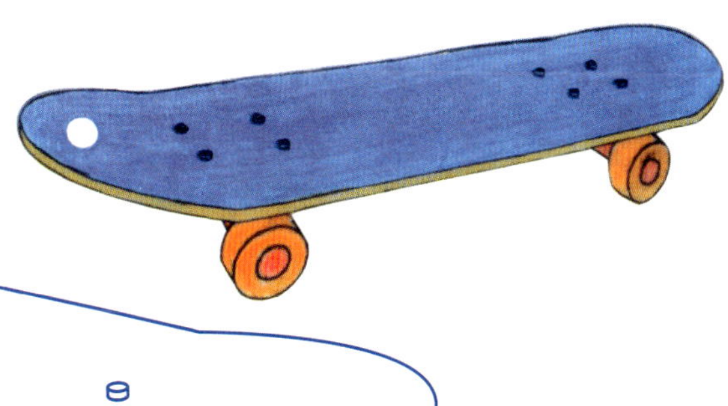

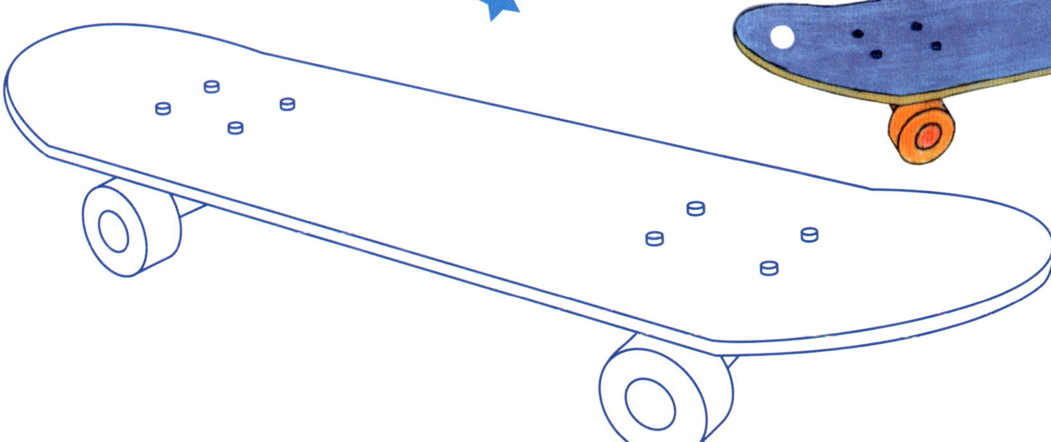

Avion en 3D

1. Le modèle terminé mesure environ 10 cm d'envergure et de longueur. Prépare les éléments de l'avion et cuis-les.

2. Emboîte les ailes sur le fuselage.

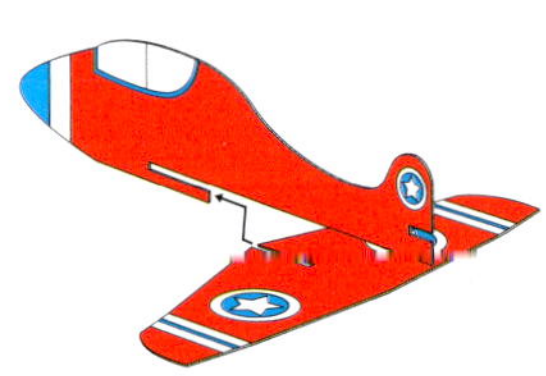

3. Emboîte le stabilisateur sur la queue de l'avion.

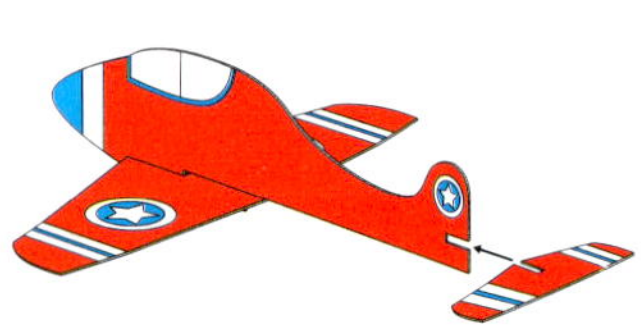

Conseil : *Si la fente sous le corps de l'avion n'est pas assez ouverte, repasse l'élément quelques secondes au four et, avec l'aide d'un adulte, tire la languette vers le bas.*

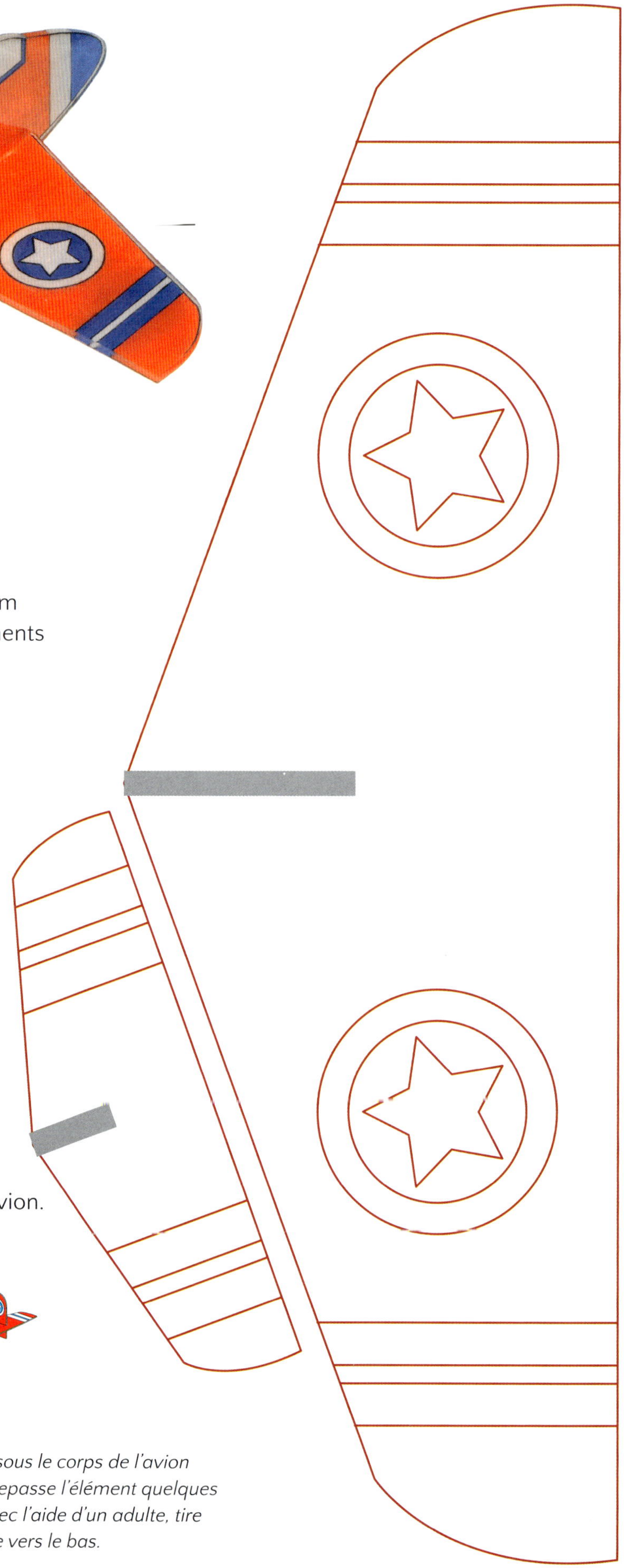

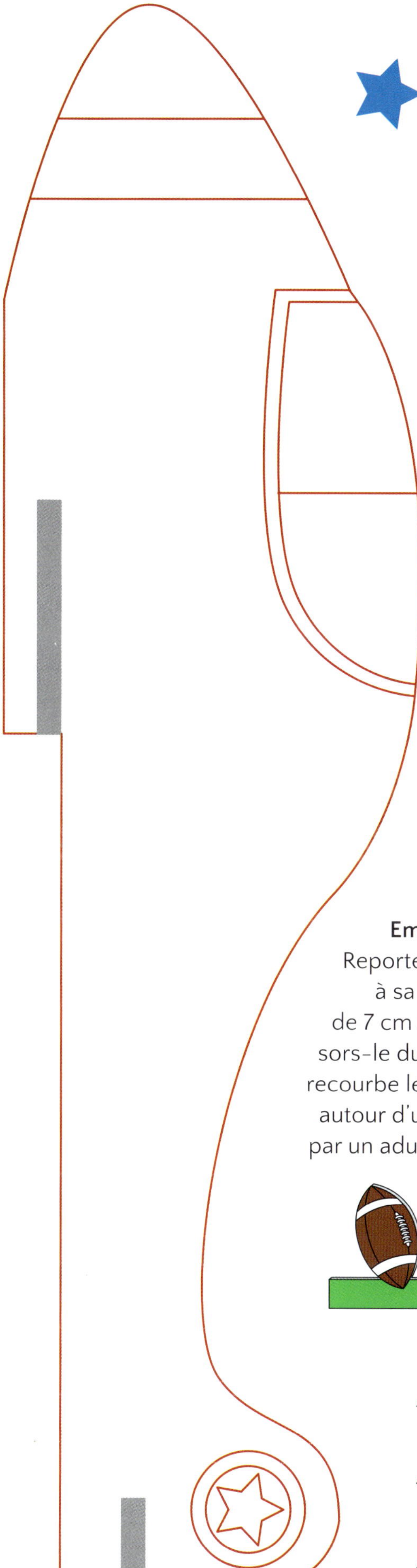

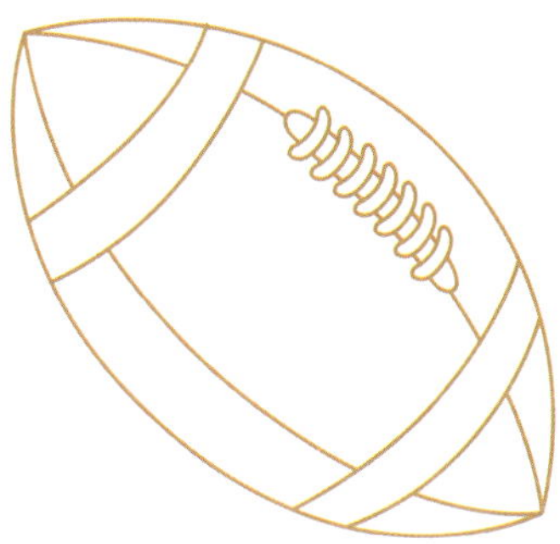

Embouts de crayon

Reporte un motif en ajoutant à sa base un rectangle de 7 cm x 1,5 cm. Une fois cuit, sors-le du four et, avec des gants, recourbe les bords de la bandelette autour d'un crayon. Fais-toi aider par un adulte pour ne pas te brûler.

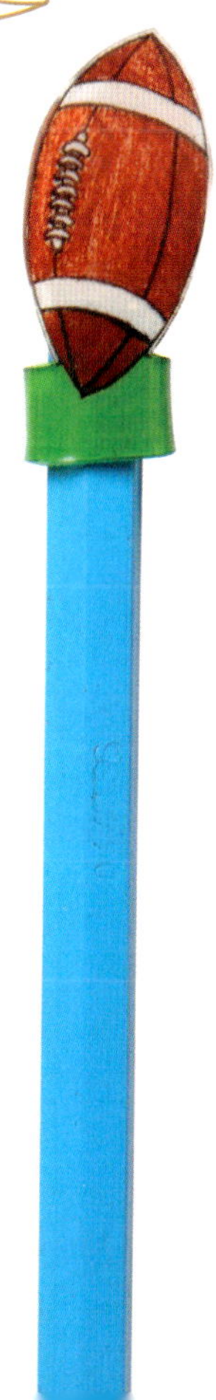

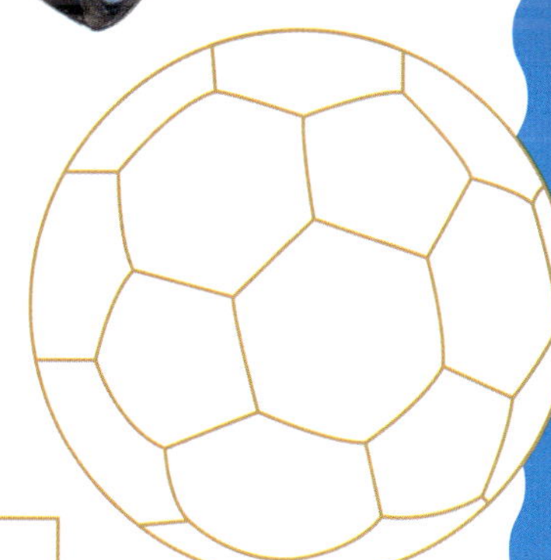

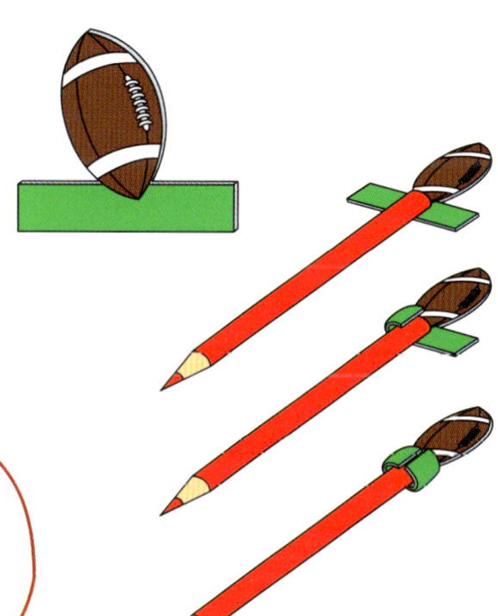

À pleins tubes !

Déchaîne les guitares et monte le son ! Grâce à ces créations, tout le monde saura que tu es le roi du rock'n'roll !

Sur le plastique transparent, les textes doivent être écrits en les inversant. Sur plastique opaque, laisse-les à l'endroit.

Strap pour portable

Voilà un médiator à offrir à tous les guitaristes ! Celui-ci est réalisé sur du plastique bleu.

Pour éviter d'avoir à évider l'intérieur des clés de sol, réalise ces motifs sur du plastique cristal (avec ou sans motifs préimprimés).

Vive la géométrie !

Finis les casse-tête mathématiques !
Illusions d'optique, effets de relief...
tes créations prendront vie grâce à la géométrie !

Jeu de cubes pour une bague et un collier réalisés sur du plastique blanc.

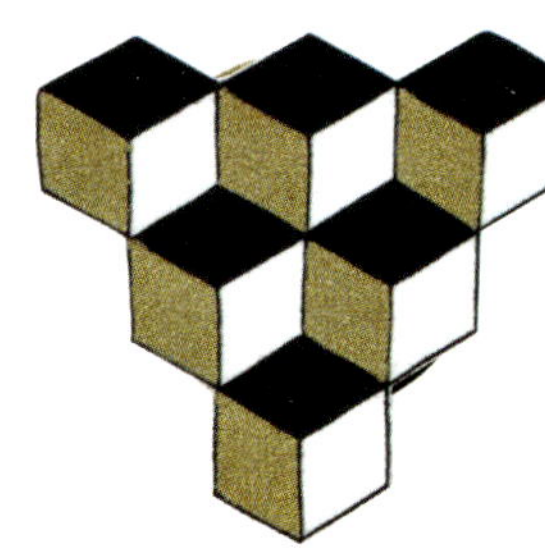

Collier

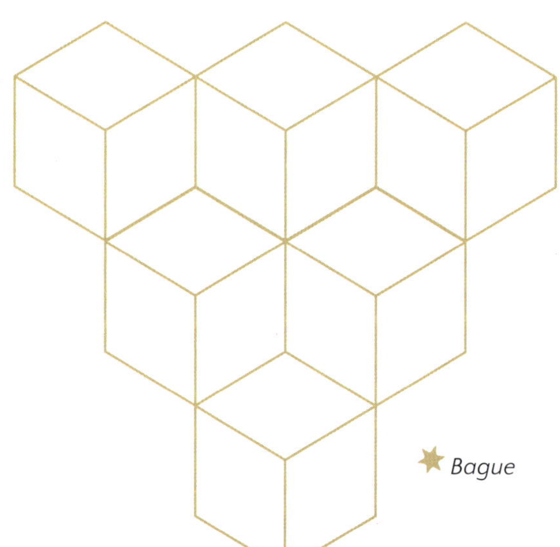

Bague

Plastron triangulaire

Colorie la pièce principale et trois triangles supplémentaires. Pour varier, tu peux faire le dernier triangle sur du plastique préimprimé. Découpe. Perce les trous avant la cuisson : sur la pièce principale, un de part et d'autre en haut et un à chaque pointe en bas ; un à chaque pointe des triangles intermédiaires ; deux sur le triangle du bas. Après la cuisson, assemble les éléments en plastique, deux morceaux de chaîne et un fermoir, à l'aide d'anneaux, comme expliqué page 7.

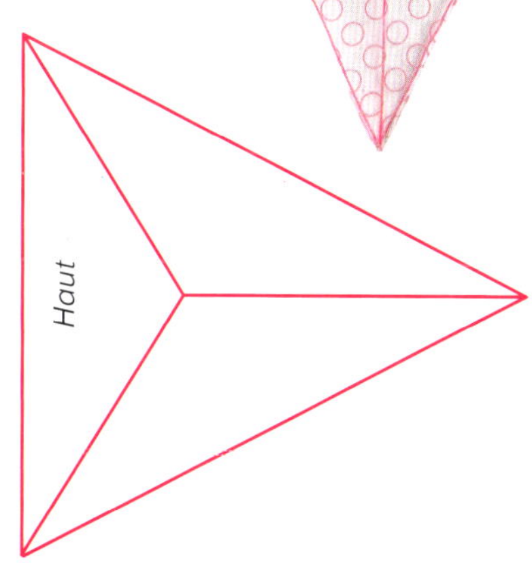

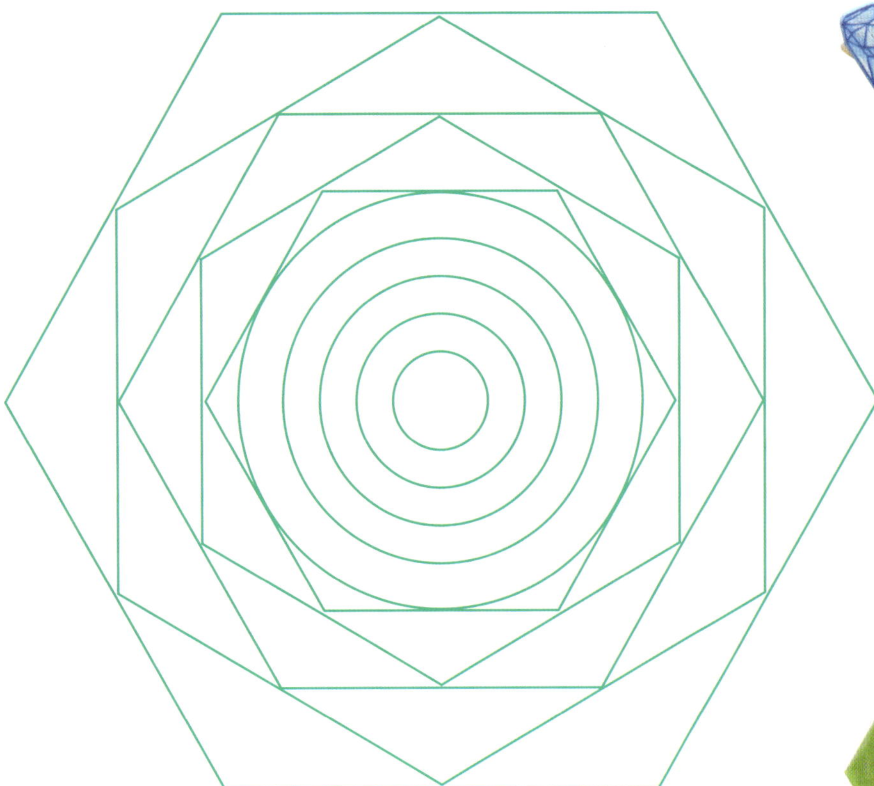

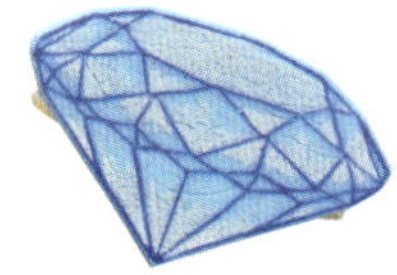

★ *Bague*

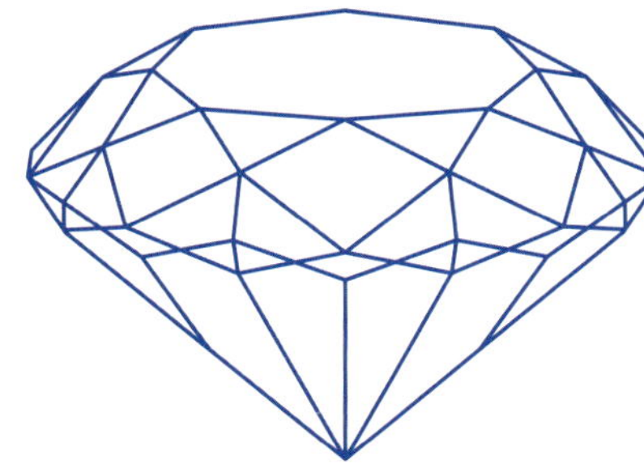

★ *Collier*

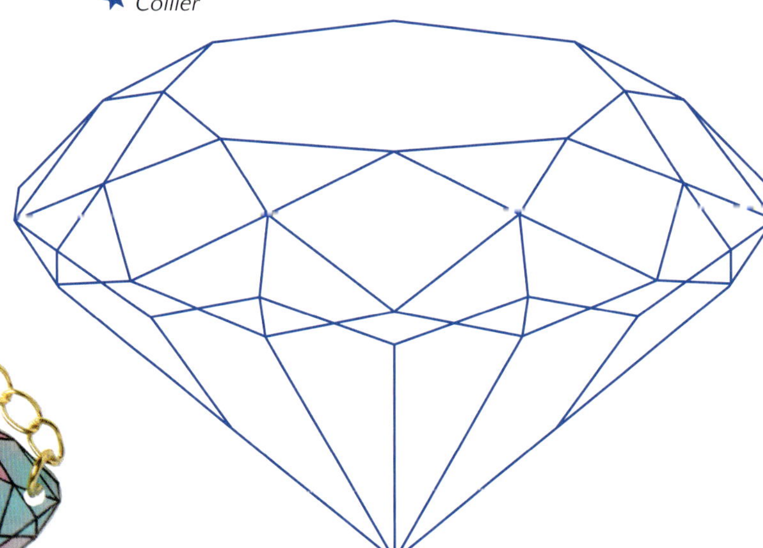

Effet de toile

Le plastron est réalisé sur du plastique jaune. Demande à un adulte d'évider chaque triangle avec un cutter fin. N'oublie pas de percer les trous de part et d'autre. Termine en raccordant deux longueurs de lacet à l'aide d'embouts de finition et d'anneaux (voir page 7). Pose un fermoir.

Origami sans pli

**Pas besoin de papier pour faire de jolies créations en origami !
Quelques effets de couleurs, et tes réalisations seront plus vraies que nature !**

Pour obtenir l'illusion du papier plié, dessine les arêtes d'un trait régulier avec un feutre permanent noir.

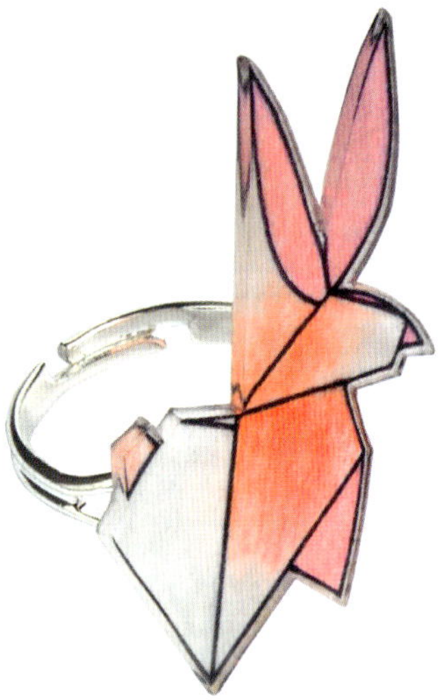

Pour fixer un anneau de porte-clés, reporte-toi à la page 7.

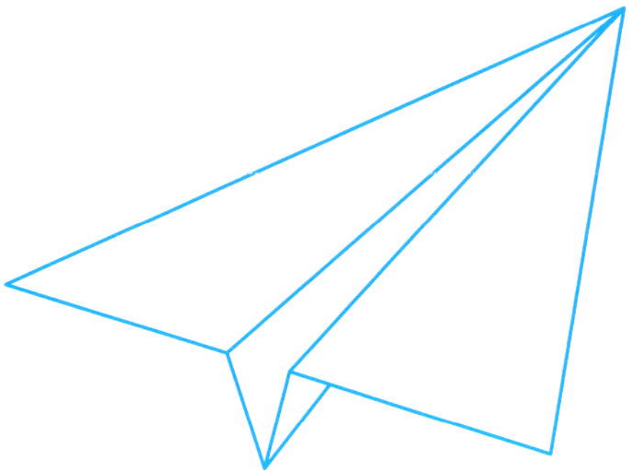

Boucles d'oreilles créoles

1. À l'aide d'un anneau, raccorde l'attache de boucle d'oreille à une créole.

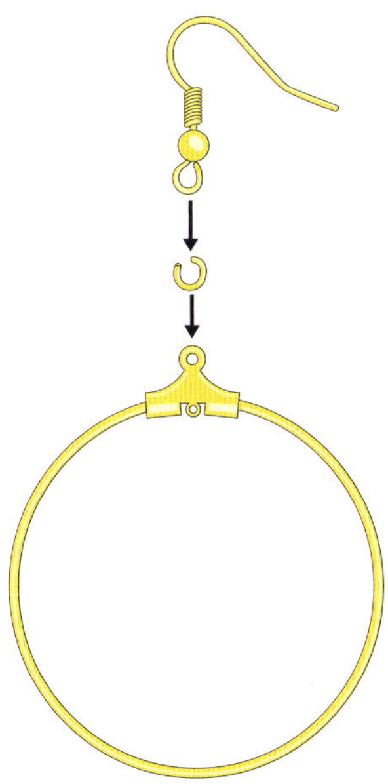

2. Accroche un motif d'avion à l'extrémité d'un morceau de chaînette.

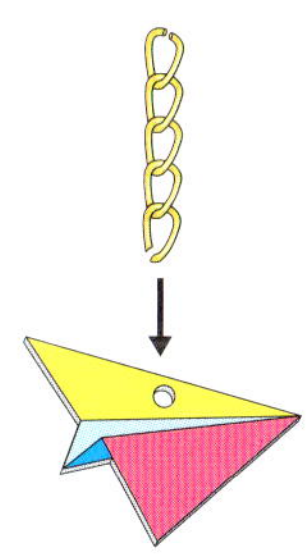

3. Accroche l'autre extrémité de la chaînette à la créole.

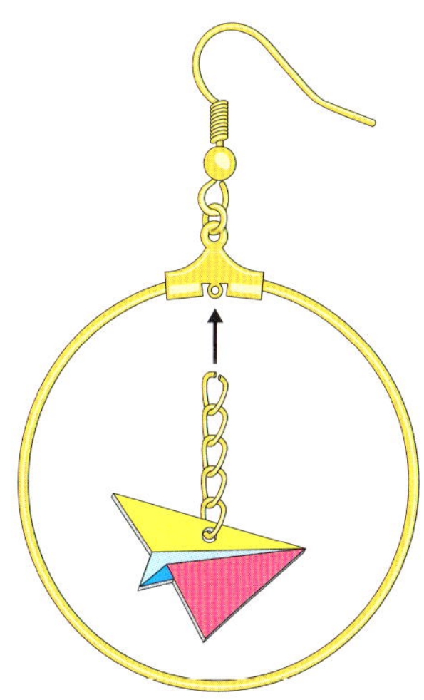

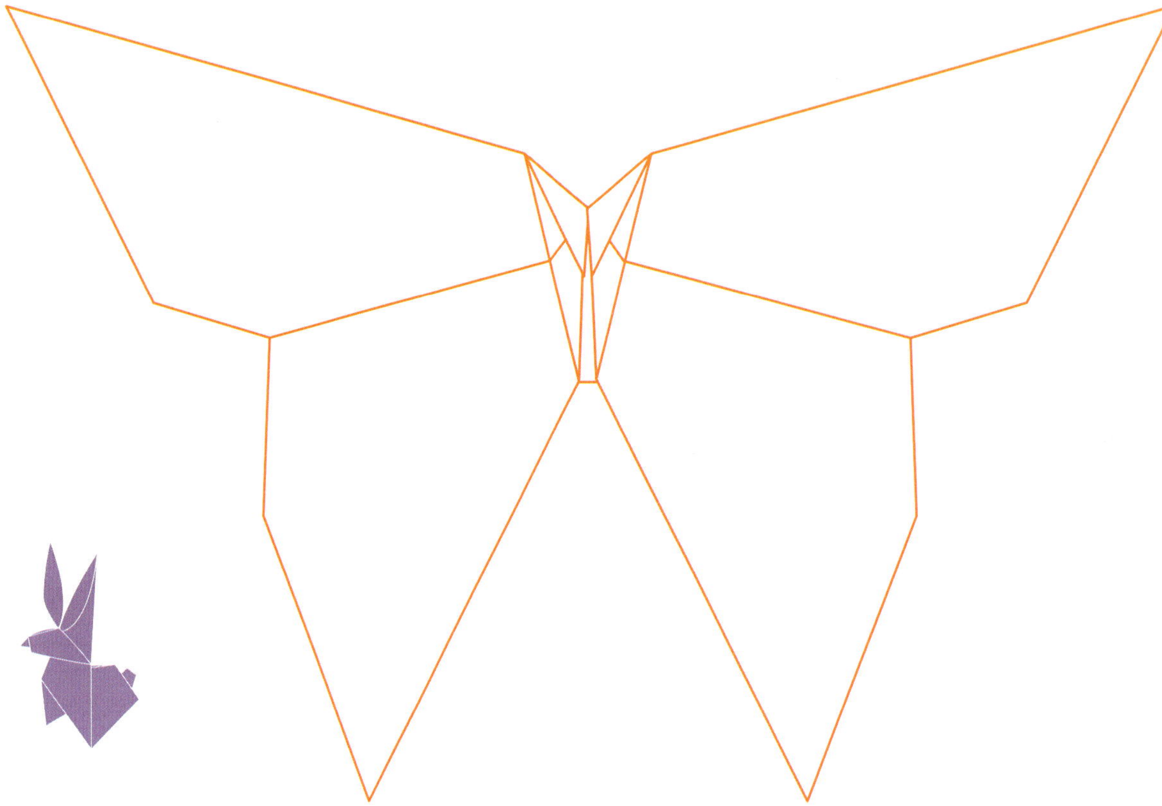

Bracelet papillon

Colorie et découpe le motif. Fais un trou de part et d'autre, au niveau du trait qui sépare les ailes. Cuis le motif. Coupe un morceau de lacet fin légèrement plus long que le tour de ton poignet. Passe-le dans un des trous, de l'endroit du motif vers l'envers, et ensuite dans l'autre trou en sens inverse. Pose le fermoir avec des embouts de finition comme expliqué page 7, en ajustant la longueur du bracelet.

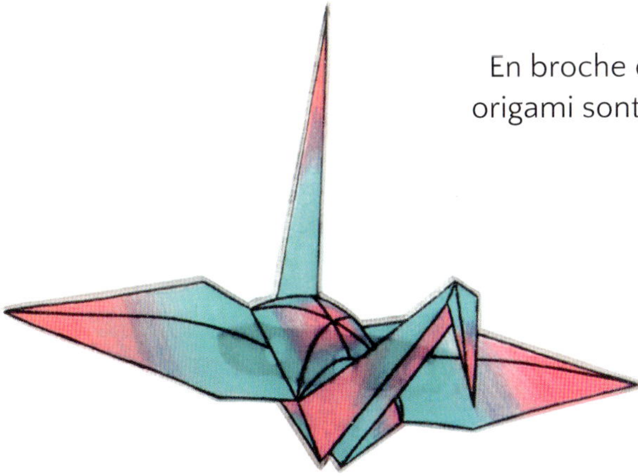

En broche ou en bague, les motifs
origami sont à la pointe de la mode !

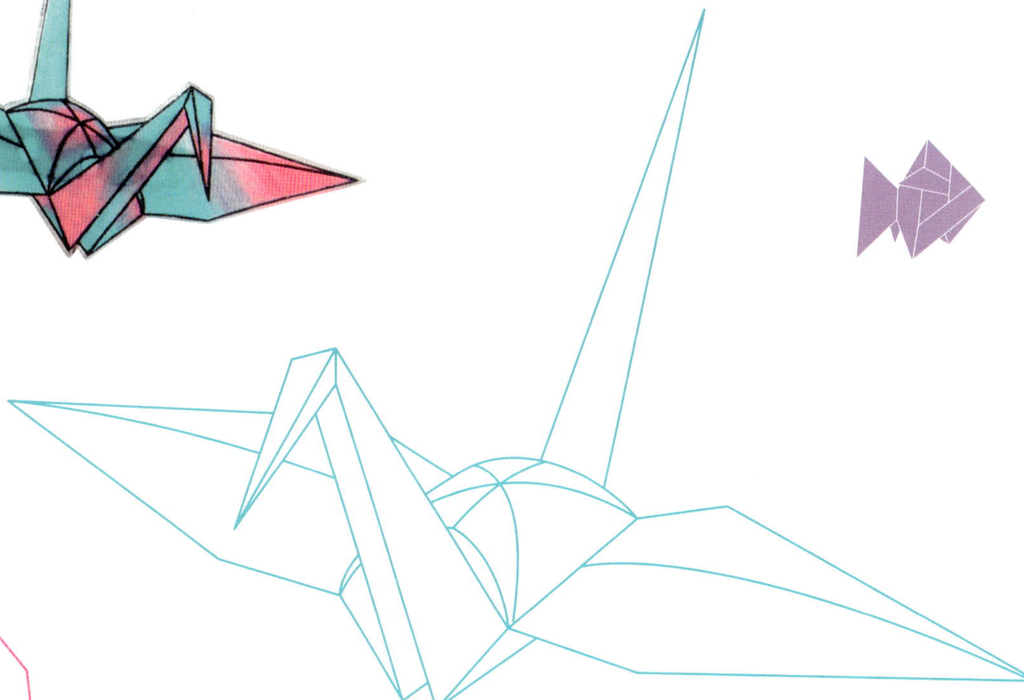

Pas bêtes, ces animaux !

**Comme modélisés en 3D ou sculptés dans le cristal,
ces animaux feront l'admiration de tes amis et donneront une touche de modernité
à tes vêtements ou ton bureau.**

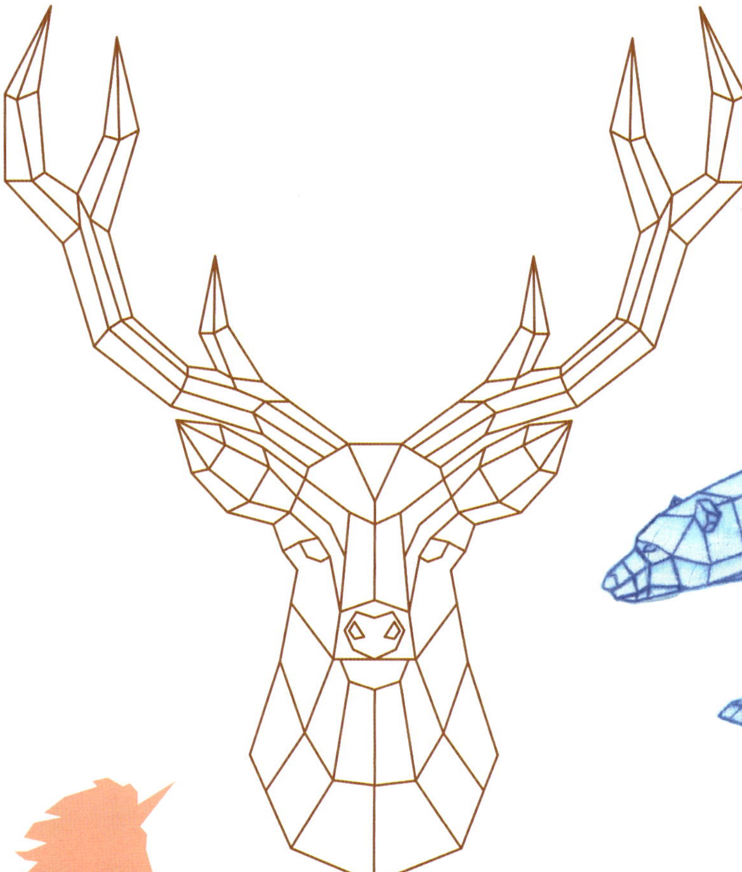

Pour obtenir un bel effet de volume,
trace les lignes avec un feutre
permanent noir ou foncé,
puis colorie chaque case
du dessin en dégradé.

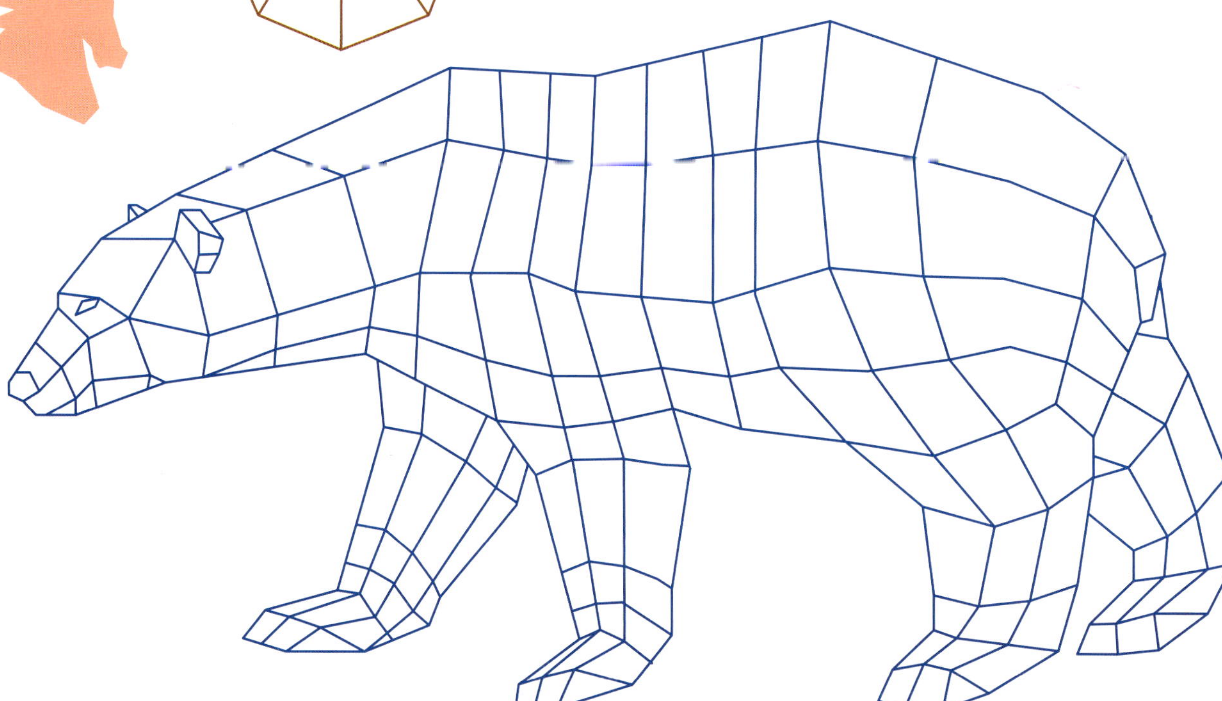

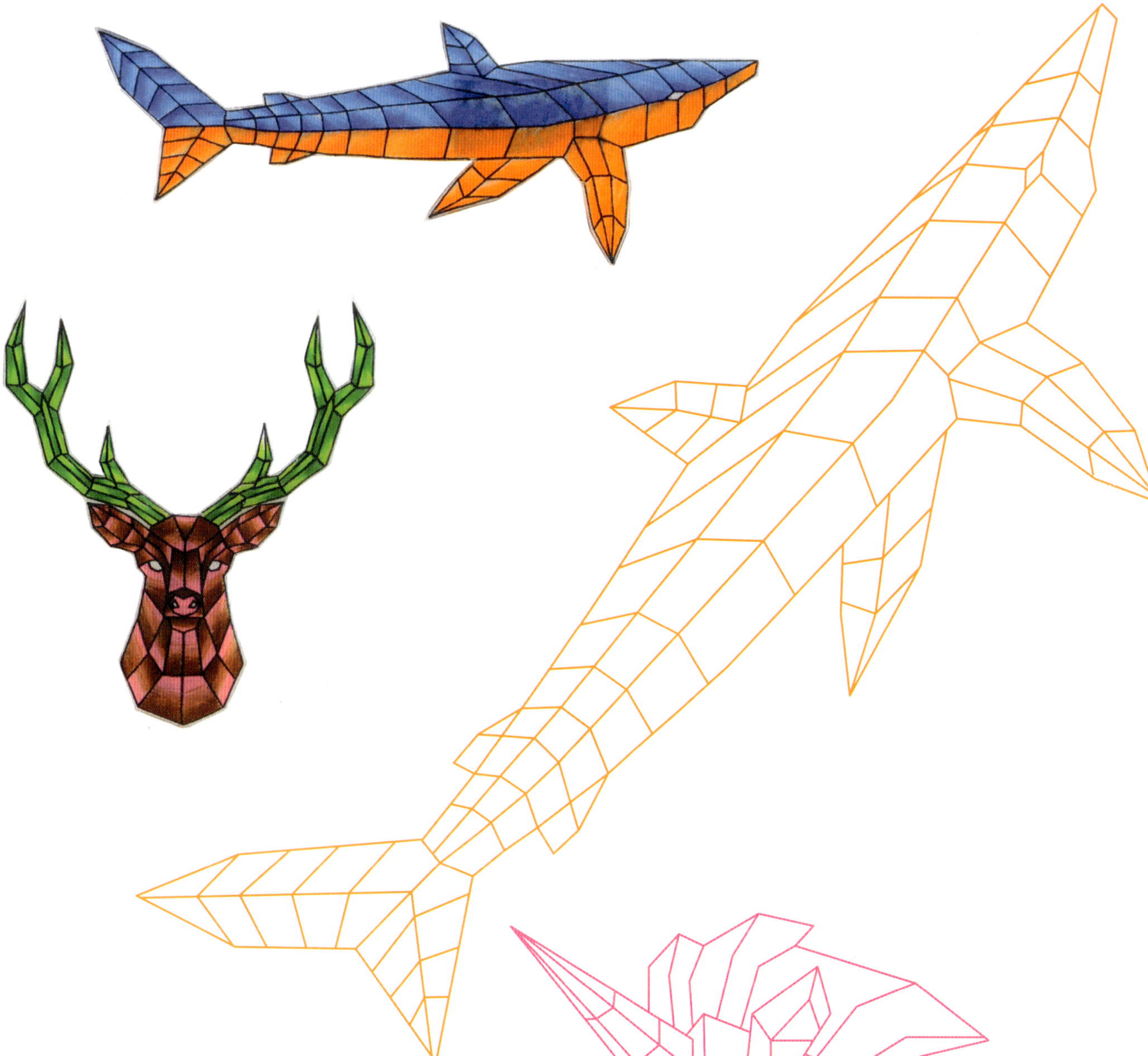

Le plastique opaque
et des feutres permanents
apportent une touche
de modernité !

Dans les plaines indiennes

Attrape-rêves, flèches ou totem, voici de magnifiques motifs pour devenir un vrai petit Sioux ! Les cow-boys n'ont qu'à bien se tenir !

Il suffit d'un détail pour transformer un simple carré ou rectangle de plastique fou en un authentique bijou ! Cette broche a été percée avant cuisson de cinq trous régulièrement espacés pour pouvoir y accrocher des petites breloques avec des anneaux.

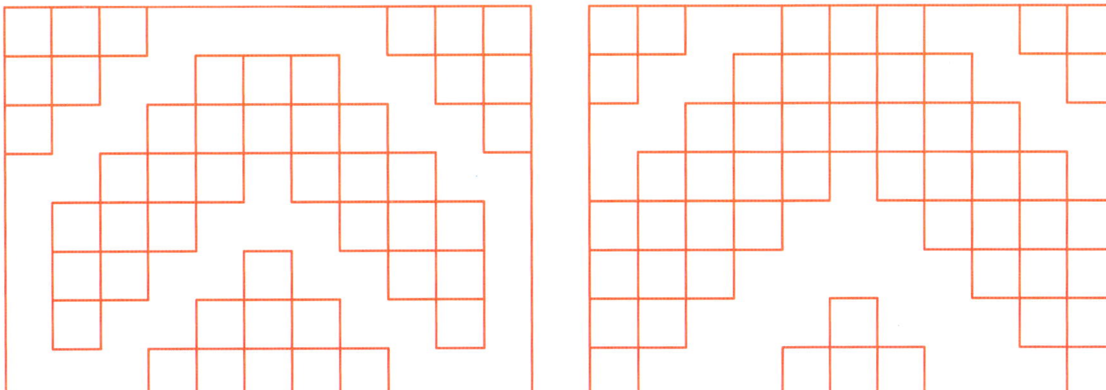

Deux versions au choix pour le collier.

Pour les finitions d'un collier sur lacet, reporte-toi page 7 si tu souhaites raccorder un fermoir avec des embouts de finition et des anneaux, ou page 20 si tu préfères un nœud coulissant pour régler la longueur à ta guise.

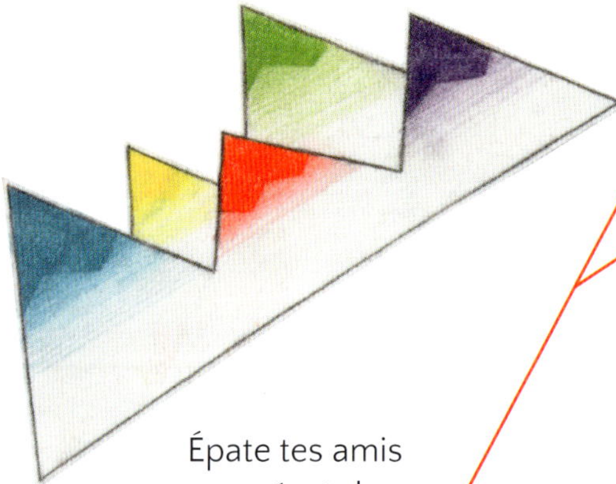

Épate tes amis
en créant des
dégradés !

Pour ces boucles d'oreilles à plumes, comme pour le collier, fais les trous en t'aidant des photographies. Raccorde ensuite tous les éléments avec des anneaux en te reportant à la page 7.

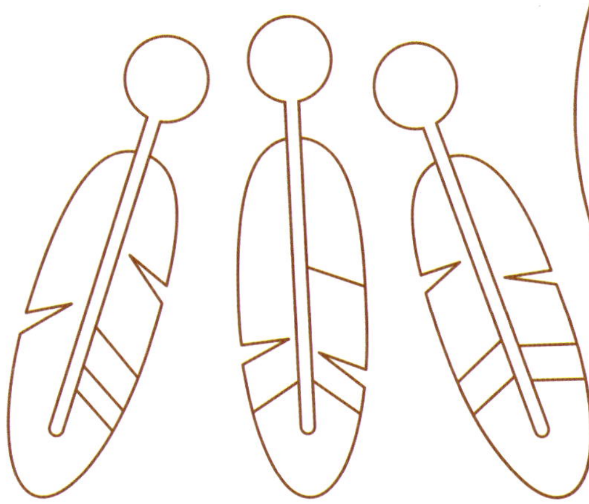

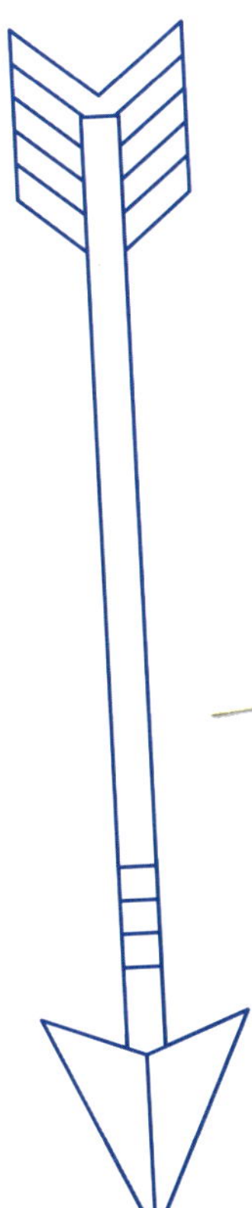

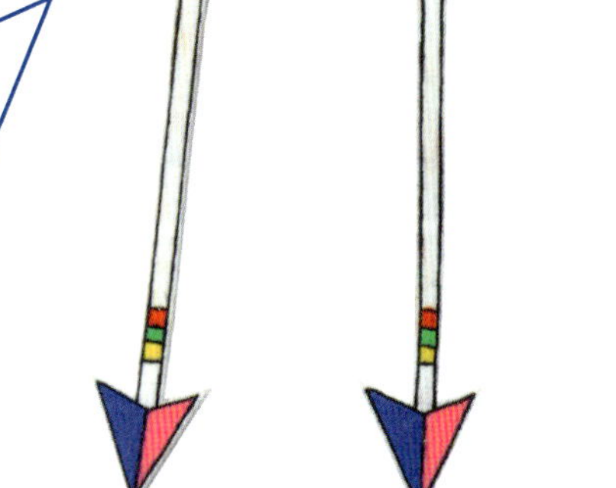

Opte pour du plastique fou cristal.
Sa transparence donne l'impression que le motif est réellement ajouré ! Dessus, utilise des marqueurs-peinture ou des feutres permanents.

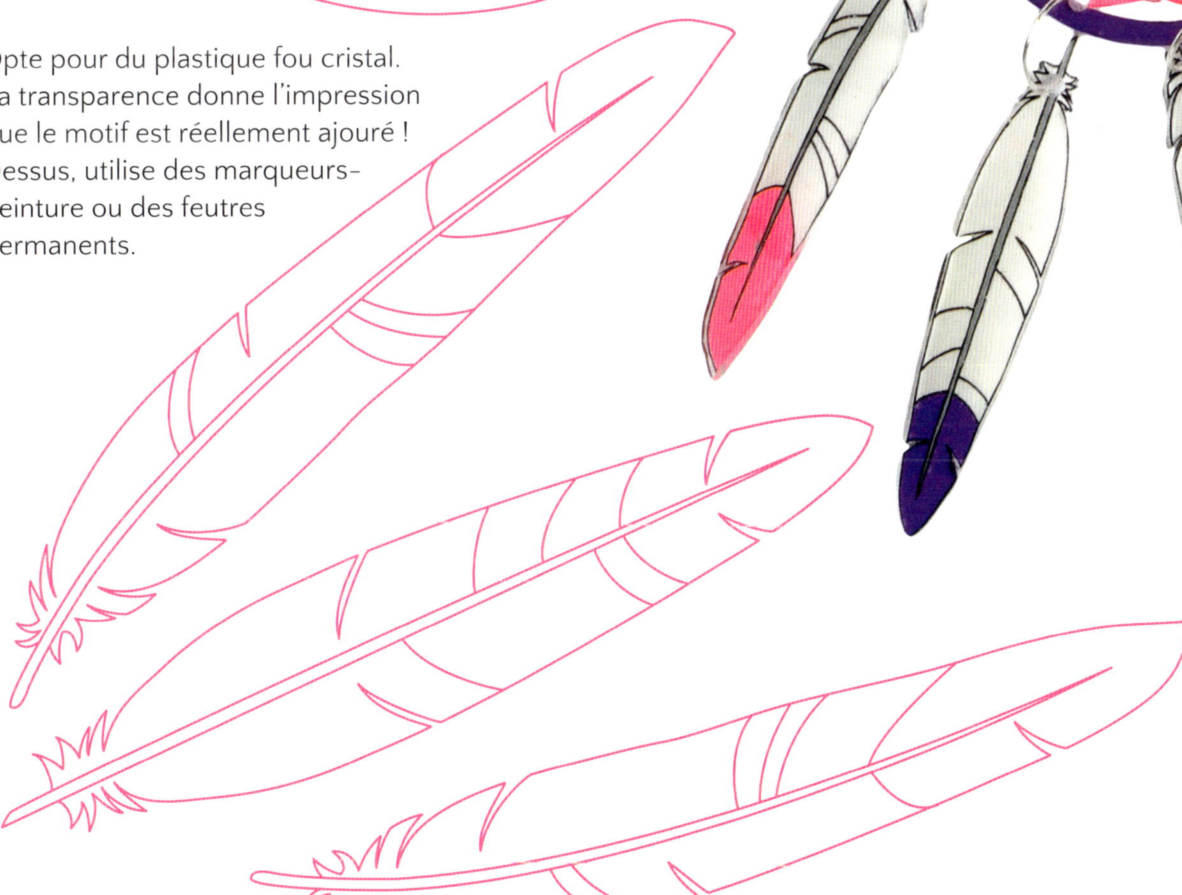

Une vie d'insectes

De la légèreté du papillon aux couleurs irisées du scarabée, flâne parmi ces merveilles de la nature !

★ *Boucles d'oreilles*

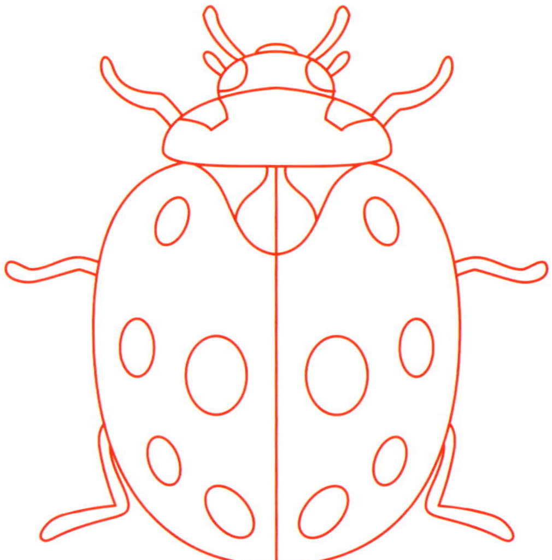

★ *Suggestion d'utilisation : broches*

Avec le plastique fou, c'est très facile d'agrandir sa collection de boucles d'oreilles ! Procure-toi des supports à coller. N'hésite pas à créer d'autres motifs en te basant sur la taille de la petite coccinelle.

Réalise un beau scarabée en posant quelques touches de doré et de bleu foncé sur du plastique bleu clair. N'hésite pas à adapter ce motif en couleurs. Il se prêtera parfaitement à d'infinies variations ! Au dos, colle une attache de broche à la verticale.

Collier

Utilise des crayons de couleur sur du plastique blanc pour obtenir cet effet velouté. Perce les trous avant la cuisson. Termine le collier en raccordant deux longueurs de lacet à l'aide d'embouts de finition et d'anneaux (voir page 7). Pose un fermoir.

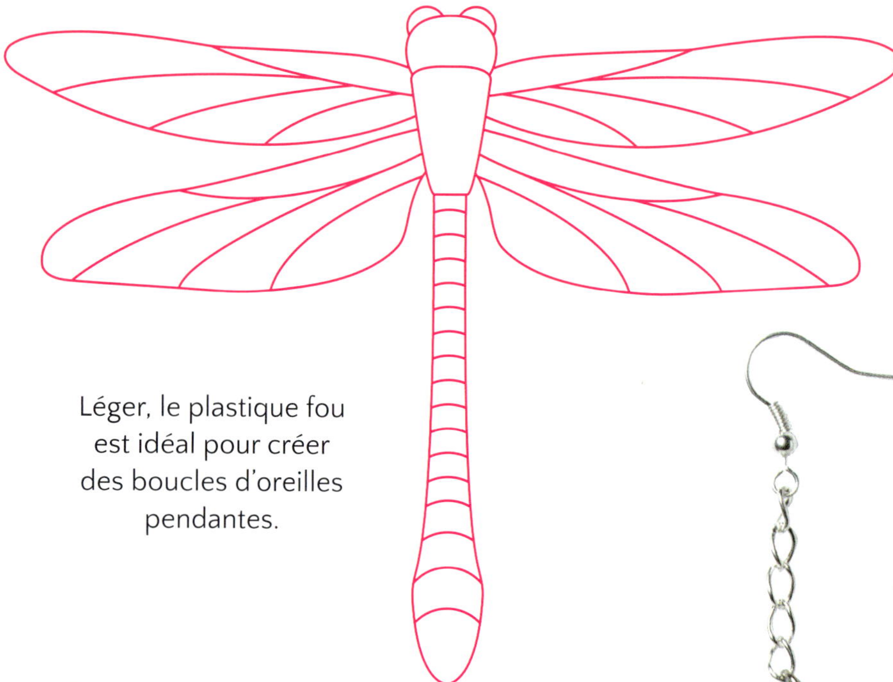

Léger, le plastique fou est idéal pour créer des boucles d'oreilles pendantes.

Réalise quatre motifs de papillon percés de part et d'autre. Raccorde des morceaux de chaînette, un fermoir et les papillons avec des anneaux. Pour calculer les espaces, mesure le tour de ton poignet. Ôte à cette mesure la largeur des quatre papillons et divise le résultat par quatre. Tiens compte de la longueur du fermoir !

La ronde des fleurs

Parsemer la vie de douceur et de nature est vraiment très simple avec le plastique fou !

Arbre en volume

1. Utilise du plastique vert et du plastique rose. Prépare les deux pièces principales, 18 feuilles environ et 24 fleurs environ.

2. Emboîte les deux pièces principales.

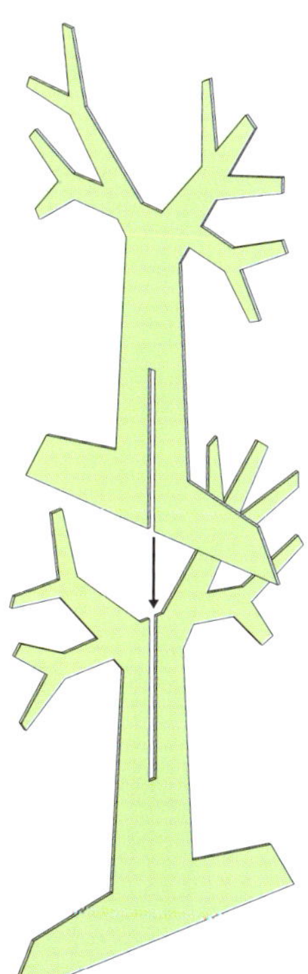

3. Colle les feuilles sur les branches, puis les fleurs.

Limite des fentes
★ Repère jusqu'où découper la fente sur chacune des pièces principales de l'arbre.

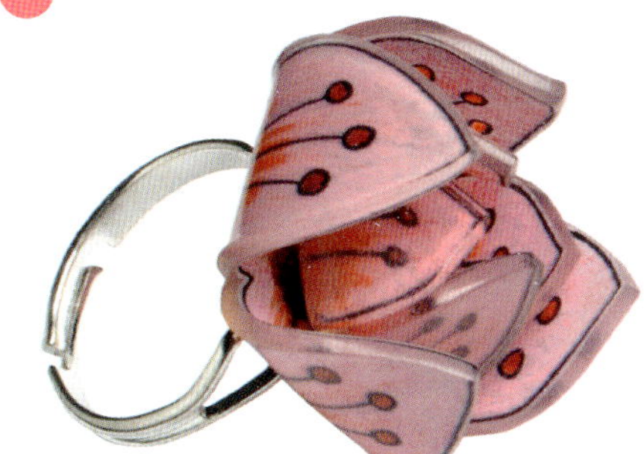

Bague fleur

1. Reporte les motifs des deux fleurs.

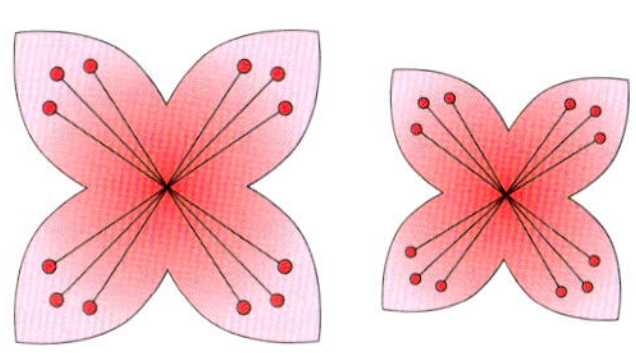

2. À la sortie du four, avec des gants et en te faisant aider d'un adulte, recourbe les pétales : laisse la grande fleur plus ouverte de manière à pouvoir placer la petite à l'intérieur.

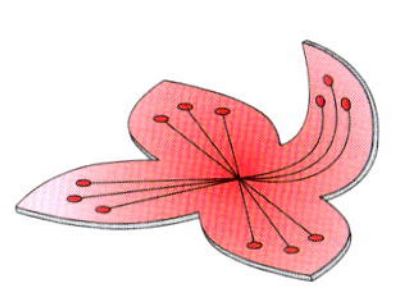

3. Colle la petite fleur en place.
Colle le support de bague.

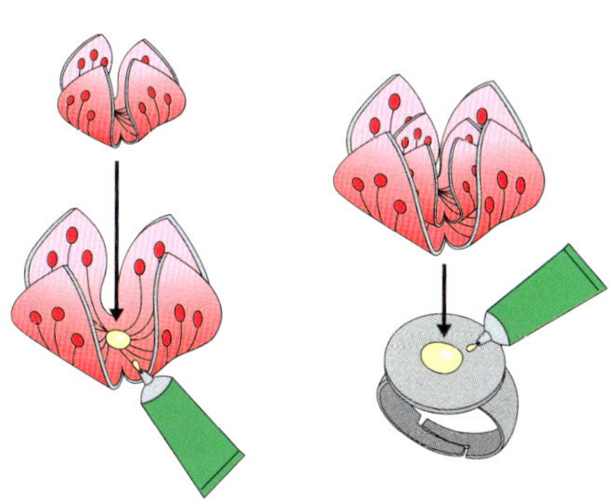

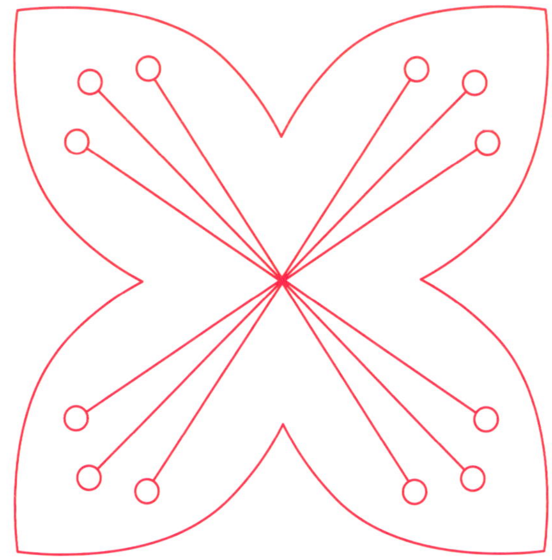

Wonderland

Rendez-vous au pays des merveilles ! Invite-toi à prendre le thé ou à faire une partie de cartes. Mais attention au malicieux chat du Cheshire et à la Reine de cœur !

Pour donner une touche « gothique-lolita » à tes bijoux, utilise de la chaîne, des anneaux et des fermoirs noirs. Pour les raccords, reporte-toi à la page 7.

★ *Petit cœur de la gourmette et barrette*

Reporte-toi aux explications de la page 7 pour relier les motifs sur une gourmette.

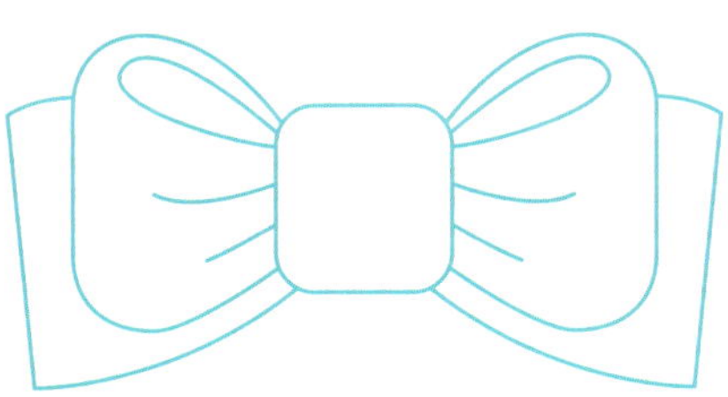

★ *Pince à papier et lapin page 16.*

Pour créer des pinces à papier, choisis de petites pinces à linge en plastique ou en bois et fixe les motifs à la colle à bijoux ou à la colle contact (avec l'aide d'un adulte).

★ *Suggestion d'utilisation : bracelet en perçant un trou de part et d'autre.*

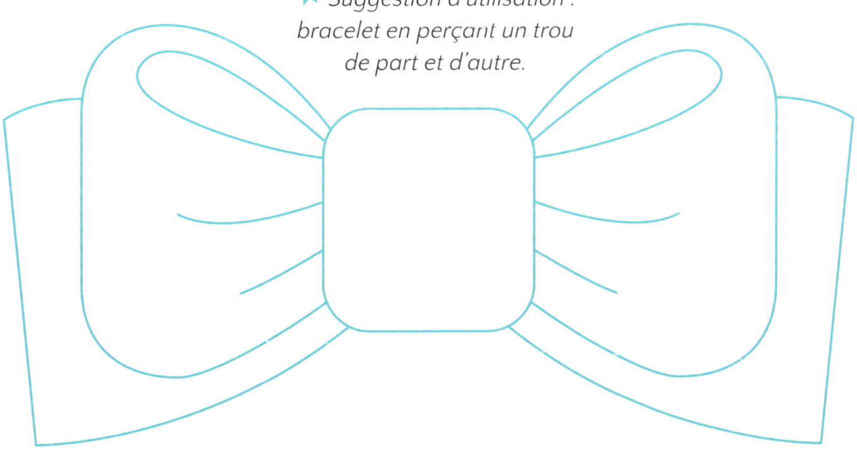

Le plastique blanc ou pastel opaque imite à merveille la porcelaine fine ! Fais appel à un adulte pour évider les anses avec un cutter fin.

Utilise des marqueurs-peinture doré et argenté
sur du plastique blanc. Demande à un adulte d'évider
la boucle avec un cutter fin avant la cuisson.